Carien Karsten

Den Burnout besiegen

HERDER spektrum

Band 5933

Das Buch

Burnoaut hat viele Gesichter: Erschöpfung und Bluthochdruck, Schlaflosigkeit oder Depression: Vom Burnout sind bis zu zehn Prozent aller arbeitenden Menschen betroffen. Er betrifft einzelne – und ist doch etwas, was die individuellen Umstände übersteigt. Carien Karsten setzt schon den Anfängen etwas entgegen: In 30 Kapiteln zeigt sie, wo die Ursachen liegen und was jeder ganz praktisch für sich tun kann: ganzheitlich, vorbeugend und effektiv. Mit neuer Begeisterung seinem Leben eine neue Richtung geben, aus dem Gefühl der Leere herauszukommen – darum geht es. So tankt die Seele neue Kraft.

Die Autorin

Carien Karsten, Dr. phil, Dr. jur., ist Psychologin, Managementconsultant und Buchautorin, Schwerpunkte Stressberatung und Burnout. Sie lebt in den Niederlanden.

Carien Karsten

Den Burnout besiegen

Das 30-Tage-Programm

HERDER

FREIBURG · BASEL · WIEN

Titel der Originalausgabe:
Uit je burnout, een 30 dagen programma
© Carien Karsten 2001 (Text), © Uitgerij Elmar B.V.
Titel der deutschen Erstausgabe:
Burnout besiegen. Das 30-Tage-Programm
© Verlag Herder GmbH, Freiburg im Breisgau 2005
ISBN 978-3-451-28829-X

© Verlag Herder GmbH, Freiburg im Breisgau 2008
Alle Rechte vorbehalten
www.herder.de

Umschlaggestaltung und -konzeption:
R·M·E München/Roland Eschlbeck, Liana Tuchel
Umschlagmotiv: © Corbis
Foto Carien Karsten: © privat

Herstellung: fgb · freiburger graphische betriebe
www.fgb.de

Gedruckt auf umweltfreundlichem, chlorfrei gebleichtem Papier
Printed in Germany

ISBN 978-3-451-05933-9

Inhalt

Einführung

Das Burnout-Syndrom ist eine Krankheit unserer Zeit, die in der westlichen Welt einen von zehn Arbeitnehmern betrifft. Von einem Tag auf den anderen kann aus einem engagierten, hart arbeitenden und allseits geschätzten Mitarbeiter ein körperliches und geistiges Wrack werden. Lustlosigkeit, Ängste, Zynismen und verschiedene körperliche Beschwerden sind deutliche Symptome. Das vorliegende Buch liefert die Instrumente zu einer ausgewogenen Heilung des Burnout-Syndroms und hilft, ein drohendes Ausbrennen rechtzeitig zu erkennen und abzuwenden.

Warum haben wir gerade in unserer Zeit mit dem Burnout-Syndrom zu kämpfen? Bewältigen die Menschen heute weniger als in vergangenen Zeiten? Früher haben die Menschen doch bedeutend schwerer gearbeitet als heute und sich dabei seltener krankgemeldet. Der moderne Arbeitnehmer ist mit Sicherheit nicht weniger belastbar als seine Vorgänger. Zudem sind vor allem die Einsatzbereiten und hart Arbeitenden vom Burnout-Syndrom betroffen. Das Problem liegt also nicht in der Belastbarkeit, sondern eher im gestörten Gleichgewicht von persönlichem Ehrgeiz und den Anforderungen eines Unternehmens an seine Angestellten. Auf der persönlichen Ebene meinen wir, die Freiheit und Möglichkeiten zu haben, im Leben die gewünschte Richtung einzuschlagen: Wir wollen Karriere machen, unsere Kinder gut erziehen, in einer glücklichen Beziehung leben, den Umgang mit Freunden pflegen und uns selbst weiterentwickeln. Von Vätern etwa wird nicht nur erwartet, dass sie Geld verdienen. Sie sollen sich auch an der Erziehung der Kinder beteiligen. Mütter dagegen streben neben den Erziehungsaufgaben auch einen guten Job an. Das erscheint mir an und für sich nicht falsch, aber die Vorstellung, dass wir uns selbst gegenüber verpflichtet sind, all diese Aufgaben zu ubernehmen und dazu noch ein aufregendes gesellschaftliches Leben zu führen, belastet uns doch sehr. Verstärkt wird dieser Druck dadurch, dass die Unternehmen, in denen wir arbeiten, oft nicht der sichere Hafen sind, in dem wir unsere Ambitionen immer problemlos verwirklichen können.

Moderne Unternehmen befinden sich in einem Zustand permanenten Umbruchs: Durch die sich schnell ändernden Anforderungen des Marktes sowie veränderte Vorschriften und Gesetze müssen sich Unternehmen ständig anpassen, um überleben zu können. Für die Arbeitnehmer bringt das eine Vielzahl an Unsicherheiten mit sich, die die zu erfüllenden Aufgaben, die Einschätzung des Erfolgs der eigenen Arbeit oder auch den Fortbestand des eigenen Arbeitsplatzes betreffen. Und gerade weil sich die Inhalte der Arbeit so häufig ändern, wächst die Arbeitsbelastung. In immer kürzerer Zeit muss immer mehr erledigt werden, und im Nachhinein betrachtet, erweist sich nicht selten ein Teil der Arbeit als überflüssig. All das stellt hohe Anforderungen an die Nehmer-Qualitäten des Angestellten. Hinzu kommt, dass auch außerhalb des Unternehmens das Gefühl der Unsicherheit wächst, sei es durch eine immer schnellere Folge technischer Neuheiten, die bedrückende wirtschaftliche Lage oder allgemeine gesellschaftliche Veränderungen und weltpolitische Umbrüche.

Wir fühlen uns frei, unser Leben selbst zu gestalten. Daran arbeiten wir mit viel Einsatz, sind aber gleichzeitig über das Resultat unserer Anstrengungen im Zweifel. Die Folge: Wir verbrauchen viel mehr Energie, erhalten jedoch wenig in Form von Wertschätzung, Sinngebung oder Freude an der Zusammenarbeit zurück. Wenn Arbeit und Privatleben über lange Zeit hinweg mehr Energie kosten, als wir zurückbekommen, versiegen die persönlichen Energiequellen. Es kommt zu dem Phänomen, das wir mit dem Ausdruck Burnout-Syndrom beschreiben: Wir haben zu nichts mehr Lust, fühlen uns ausgelaugt, inkompetent und ängstlich. Unser biologisches System gerät durcheinander: Wir schlafen schlecht, können uns nur schwer konzentrieren und sind empfänglich für Krankheiten, von denen wir uns nur langsam erholen.

Das Burnout-Syndrom ist keine momentane Stressbewältigung. Stressbewältigung ist eine normale Reaktion auf eine Stresssituation, die sich vor nicht allzu langer Zeit, etwa innerhalb der letzten drei Monate, ereignet hat. Davon erholt man sich durch Ruhe in sechs Wochen. Das Burnout-Syndrom ist eine Reaktion auf körperlichen Raubbau, auf die längerfristige, vollständige Erschöpfung der Energiequellen. Einen solchen Raubbau kann man mit der landwirtschaftlichen Bewirtschaftung eines Bodens vergleichen: Wurde der Boden durch intensiven Anbau ausgelaugt, trägt er kaum noch Frucht. Der Prozess, der zum Burnout-Syndrom führt, dauert meistens mehrere Jahre. Um herauszufinden, wie lange ein solcher Prozess bereits im Gange ist, frage ich meine Patienten: Wann haben Sie sich zum letzten Mal fit gefühlt? Um aufzuspüren, wie einschneidend die Auswirkungen des Burnout-Syndroms sind, frage ich: Finden andere Menschen, dass Sie sich als Person verändert haben? Oft ist es so, dass Personen in ihrer direkten Umgebung anzeigen, dass etwas nicht stimmt, während sie selbst noch beharrlich behaupten, alles sei bestens. Die seit einiger Zeit wahrgenommenen Alarmsignale haben sie zur Seite geschoben. Sie setzen sich noch stärker ein, um die Kontrolle über ihre Arbeit nicht zu verlieren. Andere Menschen stellen vielleicht fest, dass ein ehemals aufgeweckter Typ grüblerisch geworden ist. Solche Fragen sind auch ein erster Schritt zur Selbsterkundung. Fragen Sie sich doch einmal, wann Sie das letzte Mal herzhaft gelacht haben.

Zweifelsohne kann manches Unternehmen noch viel dafür tun, das Betriebsklima so zu verbessern, dass die Arbeitnehmer motivierter sind und weniger schnell ausbrennen. Das ist jedoch nicht das Anliegen dieses Buches. Wenn ein Arbeitnehmer Einfluss auf die Bedingungen an seinem Arbeitsplatz nehmen kann, sollte er das in jedem Fall tun. Ist das nicht möglich, so kann sich seine Situation nicht verbessern, wenn er sich gegen das Unternehmen stellt. Das frisst nur noch mehr Energie.

Dieses Buch behandelt die Frage, was Sie selbst tun können, um einem nahenden Burnout-Syndrom vorzubeugen oder ein bestehendes zu überwinden. Es ist ein Selbsthilfebuch, das darauf ausgerichtet ist, das Gleichgewicht zwischen Energieräubern und Energiespendern wieder herzustellen, und zwar sowohl physisch als auch mental. Der physische Energiegewinn wird hauptsächlich durch gute Nachtruhe, eine gesunde Ernährung und gute Kondition erreicht – alles das sind Dinge, von deren Wichtigkeit jeder weiß, die aber gerade in Stresszeiten stark vernachlässigt werden. Auf mentalem Gebiet kommt der Energiegewinn aus der Art und Weise, wie wir mit Problemen und Arbeitsbelastungen umgehen – so genannten Copingstrategien. Von zentraler Bedeutung ist auch unser eigenes Verhalten insgesamt. Es ist wichtig, sich ein deutliches Bild unserer wirklichen Sehnsüchte, Wünsche und Bedürfnisse zu machen und diese auch tatsächlich zu befriedigen. Und schließlich zeigt dieses Buch auf, wie wir durch Veränderungen unseres alltäglichen Verhaltens für optimale Energie sorgen können.

Dr. Carien Karsten
(Aus dem Niederländischen von Waltraud Heitzer-Gores)

Tag 1

Ausgebrannt? Ich?

Sie haben viel zu tun im Beruf. Die Arbeitsbelastung nimmt zu, Sie gönnen sich immer weniger Zeit für eine Pause. Manchmal nehmen Sie Arbeit mit nach Hause. Unter der Woche verabreden Sie sich kaum, weil Ihnen alles andere zuviel ist. Am liebsten liegen Sie das ganze Wochenende mit einem Buch auf dem Sofa. Feste feiern? Danach ist Ihnen nicht zumute, Sie empfinden das nur als zusätzliche Anstrengung. Nach den Ferien merken Sie, dass Ihr Akku schnell wieder leer ist. Sie versuchen, sich auf den Beinen zu halten, indem Sie mehr Urlaubstage nehmen, ein bisschen kürzer treten, weniger Wochenstunden machen. Aber es nützt nichts. Und Ihre Erkältung will auch einfach nicht weggehen.

Der letzte Tropfen, der das Fass zum Überlaufen bringt, ist, dass Sie nachts klamm und verschwitzt, mit Schmerzen in der Brust aufwachen. Der Doktor untersucht Sie und stellt vielleicht Bluthochdruck, Hyperventilation oder Blutarmut fest. „Wahrscheinlich stressbedingt", sagt der Arzt noch. „Vielleicht müssen wir an das Burnout-Syndrom denken." Ausgebrannt? Ich? Das passiert doch nur anderen, denken Sie dann. Sie melden sich ein paar Tage krank und wollen am nächsten Montag wieder zur Arbeit.

Aber nach ein paar Tagen müssen Sie zugeben, dass es nicht mehr geht. Dass es eigentlich schon seit langem nicht mehr geht. Sie fühlen sich elend. Lärm, schrille Stimmen, viel Gerede – auf einmal können Sie das alles nicht mehr ertragen. Einkaufen in einem überfüllten Supermarkt? Undenkbar! Für jede Kleinigkeit müssen Sie sich einen Zettel schreiben, sonst vergessen Sie die Hälfte. Alles ist zu viel. Burnout? Zwei Dinge gleichzeitig zu tun gelingt Ihnen nicht mehr: Spaghetti und Soße auf einmal zubereiten. Wie macht man das bloß? Sie leisten kaum noch etwas. Ihre Unterlagen sind ein Durcheinander, es gelingt Ihnen nicht mehr, Ordnung zu halten.

Hat der Arzt doch recht? Bin ich ausgebrannt?

Das Burnout-Syndrom feststellen

Burnout-Syndrom ist ein häufig benutztes Etikett, aber keine offizielle Diagnose für Psychologen und Psychiater. Es ist auch nicht mit einer körperlichen Untersuchung medizinisch festzustellen.

Der Hausarzt oder Betriebsarzt denkt an das Burnout-Syndrom, wenn eine lange andauernde Arbeitsüberlastung Sie in extremem Maße erschöpft hat, Sie das Gefühl haben, Ihrer Arbeit distanziert gegenüber zu stehen, und Ihre Umgebung und Sie selbst Ihre Fähigkeiten ernstlich anzweifeln. Diese Überlastung kann daher rühren, dass Sie weniger bewältigen können, weil Sie zum Beispiel einen ernsten Verlust, eine Krankheit oder ein einschneidendes Erlebnis gehabt haben. Sie können auch deshalb überbelastet sein, weil man Ihnen zuviel aufgebürdet hat, weil Ihre Arbeit schwerer geworden ist.

Aber was genau ist *zu* schwer? Objektive Maßstäbe gibt es für Stress nicht. Wenn es um Stress geht, ist das Individuum selbst der einzige Maßstab. Jeder Mensch reagiert unterschiedlich auf Arbeitsdruck, der eine nimmt ihn mit nach Hause und wird um seinen Schlaf gebracht, der andere denkt: „Morgen ist auch noch ein Tag".

Nur Sie selbst können an sich feststellen, wie lang andauernder Stress auf Sie einwirkt. Wie schlafen Sie zur Zeit, verglichen mit vor einem Jahr? Haben Sie den Eindruck, dass Ihre Stimmung viel öfter schwankt als früher? Haben Sie sich aus einem fröhlichen Menschen in jemanden verwandelt, der brütet und grübelt? Füllen Sie den nachfolgenden Fragebogen aus – und Sie werden schnell erkennen, wie es um Sie bestellt ist.

Fragebogen: Bin ich ausgebrannt? (© Beverly A. Potter)

Einstufungsskala: 1 = trifft nie oder selten zu, 2 = trifft manchmal zu, 3 = trifft in 50 Prozent der Fälle zu, 4 = trifft oft zu, 5 = trifft fast immer zu.

____ 1. Ich fühle mich müde, auch nach genügend Schlaf.

____ 2. Ich bin mit meiner Arbeit unzufrieden.

____ 3. Ich bin oft betrübt ohne wirklichen Grund.

____ 4. Ich bin vergesslich.

____ 5. Ich bin oft irritiert und aufbrausend.

____ 6. Ich meide Menschen auf der Arbeit und in meinem Privatleben.

____ 7. Ich habe Schlafprobleme, weil ich mir über meine Arbeit Sorgen mache.

____ 8. Ich bin öfter krank als früher.

____ 9. Meine Haltung meiner Arbeit gegenüber ist: „Warum sollte ich mich aufregen?"
Ich bin der Arbeit gegenüber ein wenig gleichgültig.

____ 10. Ich gerate öfter in Konflikte.

____ 11. Meine Arbeit leidet darunter.

____ 12. Ich konsumiere mehr Alkohol, Drogen oder Beruhigungsmittel, um mich besser zu fühlen.

____ 13. Mit anderen Menschen zu kommunizieren, ist für mich spannungsgeladen.

____ 14. Ich kann mich nicht mehr so gut wie früher auf meine Arbeit konzentrieren.

____ 15. Die Arbeit langweilt mich.

____ 16. Ich arbeite hart, aber erreiche wenig.

____ 17. Ich fühle mich in meinem Beruf frustriert.

____ 18. Ich scheue mich davor, zur Arbeit zu gehen.

____ 19. Soziale Aktivitäten reiben mich auf.

___ 20. Sex beansprucht zuviel Energie.

___ 21. In meiner Freizeit sehe ich hauptsächlich fern.

___ 22. Es gibt wenig, worauf ich mich in meinem Beruf freuen könnte.

___ 23. Ich grüble in meiner Freizeit über meine Arbeit.

___ 24. Meine Gefühle dem Beruf gegenüber beeinträchtigen mich in meinem persönlichen Leben.

___ 25. Meine Arbeit erscheint mir sinnlos.

Summe

Punktezählung

25–50:   Sie machen es richtig, aber achten Sie auf die Themen, bei denen Ihr Punktestand höher ist.

51–75:   Ergreifen Sie vorbeugende Maßnahmen.

76–100:   Bei Ihnen besteht das Risiko auszubrennen. Oder, wenn Sie ausgebrannt waren: Sie haben es noch nicht überstanden.

101–125: Sie sind im Begriff auszubrennen.

Wenn Ihre Punktzahl zeigt, dass Überbelastung für Sie ein Thema ist, dann fragen Sie sich auch, wie lange diese Überbelastung schon andauert. Zu welchem Zeitpunkt trat eine Veränderung Ihrer Arbeitsbelastung ein? War das nach einer Reorganisation oder nach einem Firmenzusammenschluss? Nach der Einführung eines neuen Automatisierungssystems? Sind die Kunden schwieriger geworden? Bekommen Sie mehr Problemfälle? Haben Sie einen anderen Posten bekommen und holen Sie in der neuen Funktion das Letzte aus sich heraus? Hat sich in Ihrer privaten Situation etwas geändert? Haben Sie Kinder bekommen und arbeiten Sie, während Sie gleichzeitig Ihre Kinder aufziehen? Müssen Sie das alleine schaffen?

Überlegen Sie, was sich in den letzten Jahren verändert hat und wie das Ihr berufliches Funktionieren beeinflusst. Stellen Sie auch fest, ob Sie sich selbst verändert haben. Findet man Sie noch genauso umgänglich wie früher? Oder haben Sie sich in jemanden verwandelt, der alles von sich schiebt, wegen der kleinsten Kleinigkeit ungehalten reagiert und oft mürrisch und reizbar ist?

Was ist der Unterschied zur Überreiztheit?

Das Burnout-Syndrom wird oft mit Überreiztheit, Überbelastung, mit dem Hyperästhetisch-emotionalem Syndrom, Neurasthenie und chronischer Stressreaktion in einen Topf geworfen. Jedes dieser Krankheitsbilder sorgt dafür, dass das Gleichgewicht gestört wird, dass es zu einem plötzlichen Zusammenbruch kommt. Am häufigsten werden die Diagnosen „Überreiztheit" und „Burnout-Syndrom" gestellt.

Überreiztheit ist eine kurzfristige Folgeerscheinung. Der Stress, der den unmittelbaren Anlass bildet, liegt bei der Überreiztheit in der jüngsten Vergangenheit. Die Faustregel ist, dass jemand innerhalb der ersten drei Monate nach dem Stressfaktor (Umzug, neues Berufsfeld, eine abgebrochene Beziehung oder Freundschaft) überreizt ist. Die Überreiztheit ist mit vielen Stressbeschwerden verbunden, wie Weinkrämpfen, sich abgehetzt fühlen, nicht gut schlafen können, Nacken- und Kopfschmerzen. Aber die Energie ist noch nicht aufgebraucht: Erschöpfung ist nicht das Krankheitszeichen, das im Vordergrund steht. Es handelt sich viel mehr um Labilität und Abgehetztsein.

Im Falle des Burnout-Syndroms hat jemand viel länger seine Grenzen missachtet. Der Akku ist leer. Jemand kann nicht mehr weiter und will auch nicht mehr. Sieht den Sinn der Arbeit nicht mehr, empfindet schon Übelkeit, wenn er in die Nähe der Arbeitsstelle kommt, beim bloßen Anblick des Ortsnamens, wo sich der Betrieb befindet. Es besteht eine starke, körperliche Reaktion des Ekels oder der Angst auf typische Merkmale der Arbeitstelle. Die Betroffenen wollen nichts mehr mit ihren Kollegen zu tun haben, lassen ihre Frau anrufen und gehen selbst nicht ans Telefon. Es ist, als wären sie von der Arbeit traumatisiert. *Das* ist das Burnout-Syndrom!

Andere Ursachen ausschließen

Ihr Hausarzt wird erst überprüfen, ob Ihre Beschwerden keine andere Ursache haben. Auch die Wechseljahre, eine Viruserkrankung wie das Pfeiffersche Drüsenfieber oder eine Ernährungsstörung wie die Zöliakie können Grund dafür sein, dass man sich erschöpft fühlt. Untersuchen Sie daher eingehend, unter welchen Beschwerden Sie leiden – und schreiben Sie sie auf, damit Sie sie im Sprechzimmer nicht wieder vergessen haben. Je vollständiger Ihre eigenen Beobachtungen sind, desto exakter wird die Diagnose Ihres Hausarztes ausfallen.

Kommt das Burnout-Syndrom gleichzeitig mit RSI, dem berüchtigten „Mausarm" vor?

Ja, das Burnout-Syndrom kann gleichzeitig mit anderen körperlichen Beschwerden und Krankheiten vorkommen – hier ist dann auch der Körper vom chronischen Stress angegriffen. Manchmal beginnt der Arbeitsausfall durch Krankheit mit RSI (*repetitive strain injury*). Physiotherapeuten unterscheiden drei Stadien des RSI. Während des ersten Stadiums spürt man am Ende des Tages leichte Schmerzen im Nacken, zwischen den Schultern, in den Armen, Handgelenken und Händen. Sie erholen sich von den Schmerzen. Im zweiten Stadium haben Sie schon während des Tages wiederkehrende Schmerzen. Die Schmerzen lassen nicht rasch nach, sondern können Monate andauern. Erholung ist meistens noch möglich. Im dritten Stadium leiden Sie ohne Unterbrechung unter Schmerzen und Ermüdung, Ihr Schlaf ist gestört, Sie sind weniger produktiv und die Erholung verläuft sehr schwierig oder ist manchmal nicht mehr möglich. In diesem dritten Stadium überschneiden sich das Burnout-Syndrom und RSI stark. Bei beiden Krankheitsbildern ist der Schlaf gestört. Sie sind müde. Sie haben ununterbrochen Sehnen- und Gelenkschmerzen. Sie sind trübsinnig und manchmal sogar depressiv und fürchten, dass es nie wieder gut wird. Wenn sich herausstellt, dass Sie sehr stark unter Arbeitsstress gelitten haben und Sie sich mit der üblichen Behandlungsmethode gegen RSI nicht erholen, könnte Ihnen ein Verfahren helfen, dessen Ziel explizit die Erholung vom Burnout-Syndrom ist.

RSI und Burnout-Syndrom kommen bei Menschen mit denselben Persönlichkeitsmerkmalen vor: Es handelt sich dabei um Menschen, die perfektionistisch sind, hohe Ansprüche an sich selbst stellen, sich aufs Äußerste den Wünschen und Bedürfnissen anderer anpassen und sich selbst vernachlässigen. Wie schaffen Sie es, wenn Sie so sind, sich treu zu bleiben und sich dennoch ein lebenswertes Leben zu erhalten? Am Tag 15 werden wir daran arbeiten.

Analysieren Sie Ihren Stress

Woher kommt der Stress nur? Beim Burnout-Syndrom und bei RSI ist es wichtig zu analysieren, was in Ihrem Leben Stress verursacht. Führen Sie deshalb ab heute ein Stress-Tagebuch! In welchen Situationen empfinden Sie Stress? Was spüren Sie dann? Schreiben Sie auch auf, wie schlimm es ist – auf einer Skala von 10 (sehr schlimmer, fast unerträglicher Stress) bis 1 (überhaupt kein Stressgefühl):

Tag und Zeitpunkt	Situation	Was spüren Sie?	Wie schlimm?

17

Tag 2

Notstandsplan

Früher waren Sie nie krank. Jetzt bekommen Sie eine Grippe nach der andern. Ein wenig gequält spötteln Sie: *„Letzte Woche hatte ich eine kleine Sommergrippe, in ein paar Wochen kommt die kleine Herbstgrippe zu Besuch und dann die Wintergrippe."* Außerdem leiden Sie an Bronchitis. Und sind todmüde. Auch wenn Sie eine Nacht gut geschlafen haben, wachen Sie am nächsten Morgen unausgeruht auf. Wie geht es beruflich? Es wurden Ihnen immer mehr Aufgaben übertragen und alles ist komplizierter geworden. Sie haben im Laufe des Tages viele Termine, Sie werden oft angerufen, mit dem Beantworten Ihrer Emails sind Sie im Rückstand – und Sie schaffen so gut wie nie, mittags in Ruhe etwas zu essen. Sie sehen, dass manche Kollegen weniger gestresst sind. *„Wie machen sie das bloß?"*, fragen Sie sich manchmal. Wahrscheinlich lassen sie den Arbeitsdruck nicht so an sich heran und grübeln nicht darüber, wenn sie daheim sind. Das Privatleben verläuft inzwischen auch mühsam: Da Sie soviel arbeiten, gelingt es Ihnen kaum noch, Ihre sozialen Kontakte zu pflegen. Sie wollten sich ein bisschen um Ihre alte Tante, die in derselben Stadt wohnt, kümmern, aber Sie kommen einfach nicht dazu. Wenn Sie merken, dass Ihnen die Kontrolle entgleitet, Sie alle Leute anfahren, kaum noch schlafen, sich nichts mehr merken können und Ihnen die Tassen aus den Händen fallen, melden Sie sich beim Betriebsarzt. Seine Diagnose lautet: Burnout-Syndrom.

Schwächung des Abwehrsystems

Eines der Symptome des Burnout-Syndroms ist, dass Sie für Krankheiten viel anfälliger geworden sind und sich langsamer erholen. Wie kommt das? Chronischer seelischer Stress beeinflusst die Nerven- und Hormonkreisläufe unseres Körpers. Langfristig führt das vermutlich zur Überproduktion eines Eiweißstoffes, des sogenannten CGRP-Peptids. Dieses Peptid wird in den Nervenenden der Haut hergestellt. CGPR lagern sich an die Langerhansschen Zellen an, die an der Immunabwehr beteiligt sind. Aufgabe der Langerhansschen Zellen ist es, Krankheitskeime abzufangen und dann an die weißen Blutkörperchen weiterzugeben, um sie unschädlich zu machen. Wenn die Langerhansschen Zellen völlig mit CGRP bedeckt sind, sind sie außer Gefecht gesetzt und können nicht länger als Wächter auftreten. Da nunmehr eine der Eintrittspforten des Körpers nicht mehr so gut bewacht wird, nimmt die Anfälligkeit für Infektionen zu.

Mit dem Körper anfangen

Oft fühlt sich jemand, der an einem Burnout-Syndrom leidet, dafür verantwortlich und schuldig. Er findet, dass er seine Kollegen im Stich lässt, und will so schnell wie möglich wieder anfangen zu arbeiten. So findet man jedoch keine Erholung, sondern setzt sich nur weiterhin unter Druck. Sie erholen sich am schnellsten, wenn Sie zuerst körperlich gesund werden und lernen, sich zu entspannen. Manche Menschen wenden ein, dass sie Marathonläufer seien und sich in bester körperlicher Verfassung befänden. Sport treiben kann jedoch zu einer ebenso zwanghaften Beschäftigung werden wie der Beruf. Nehmen Sie sich ein Beispiel am niederländischen Eislaufmeister Bart Veltkamp, der mitten in der Saison erklärte: „Ich stehe zur Zeit ganz wunderbar entspannt auf dem Eis." Genießen, während Sie eine Spitzenleistung erbringen. Es kann nützlich sein, Ihren Tagesablauf so einzuteilen, dass Sie genug Zeit haben, sich körperlich anzustrengen (zum Beispiel eine Viertelstunde spazieren zu gehen), um sich danach auszuruhen. Das Ausruhen unmittelbar nach dem Spazierengehen zeigt Ihnen, wie Sie sich entspannen können. Nach anfänglich leichter Anstrengung erhöhen Sie langsam die Belastung im Privatleben. Erst dann, wenn es Ihnen gelingt, Ihr Energieniveau auch bei mäßiger Anstrengung aufrechtzuerhalten, sollten Sie daran denken, die Arbeit vorsichtig wieder aufzunehmen. Aber auch dann ist Betreuung nötig: damit Sie nicht wieder in Ihr altes Verhalten, nicht an sich selbst zu denken und keine Grenzen zu setzen, zurückfallen.

Notstandsplan gegen Burnout

1. Sorgen Sie für einen guten und regelmäßigen Schlafrhythmus. Gehen Sie nicht zu spät ins Bett. Nehmen Sie sich morgens Zeit, um in Gang zu kommen und unternehmen Sie abends keine anstrengenden Dinge mehr. Beschäftigen Sie sich mit diesem und jenem, aber ohne Druck. Manchen Menschen hilft es, in gemächlichem Tempo ein Stückchen spazieren zu gehen. Trinken Sie nicht zuviel Alkohol (höchstens vier Gläser die Woche).

2. Essen Sie regelmäßig und gesund. Ein kohlenhydratreicher Speiseplan (Nudeln) verbessert die Stimmung und das Gedächtnis. Auch Pistazien enthalten einen Stoff, der entspannt.

3. Nehmen Sie sich Zeit zum Spazierengehen, zum Schwimmen oder für Fitness. Bewegen Sie sich regelmäßig, auch wenn Sie müde sind und denken, nichts mehr tun zu können. Bewegung ist wichtig, um Abbaustoffe auszuscheiden.

4. Wenn es Ihnen schwer fällt, sich zu entspannen, vereinbaren Sie einen Termin beim Hausarzt und lassen Sie sich zum Physiotherapeuten überweisen.

5. Stellen Sie eine Liste mit fünfzig angenehmen Beschäftigungen auf und wählen jeden Tag mindestens eine davon aus.

6. Gönnen Sie sich Muße, jeden Tag eine Stunde, um zu sich

selbst zu finden. Während dieser Stunde gibt es keine Zwänge, Sie dürfen tun, was immer Sie möchten; Sie können sich ausruhen, lesen, baden, Musik hören, eine Entspannungsübung machen.

7. Hören Sie rechtzeitig auf, bevor Ihre Energie verbraucht ist. Teilen Sie sich den Tag ein, mit wenig Abwechslung. Was immer Sie tun, tun Sie es nur kurz, fügen Sie Ruhepausen ein, beschränken Sie die Zeitdauer Ihrer sozialen Kontakte. Wenn Sie wieder mehr Energie bekommen, verbrauchen Sie sie dann nicht, indem Sie sofort wieder anfangen zu arbeiten und sich alles Mögliche abverlangen. Sorgen Sie dafür, dass Ihre vitale Reserve zunimmt, indem Sie zusätzliche Energie in Dinge investieren, die Ihnen Freude machen.

8. Bringen Sie Ordnung in das Grübeln hinein! Zum Beispiel, indem Sie den Morgen damit beginnen, auf einem kleinen Zettel alle Dinge, die Sie stören, aufzuschreiben. Setzen Sie Prioritäten, entwickeln Sie einen systematischen Plan und zerreißen Sie dann den „Grübelzettel".

9. Notieren Sie am frühen Abend in einem Tagebuch, was Ihnen an diesem Tag neue Kraft gegeben und was an Ihren Kräften gezehrt hat. Meiden Sie an den nächsten Tagen die Energiefresser und beschäftigen Sie sich mehr mit Ihren Energiespendern!

10. Schieben Sie alle wichtigen Entscheidung auf, bis Sie sich wieder gesund fühlen.

Lesen Sie diese Ratschläge und stellen Sie Ihren eigen Notstandsplan auf. Welche Tipps passen besonders gut zu Ihnen? Ihren eigenen Notstandsplan können Sie auch später wieder benutzen, wenn Sie sich erneut zu verausgaben drohen. Machen Sie jeden Tag Entspannungsübungen. In diesem Buch finden Sie verschiedene Übungen.

Eine Minute lang wirkliche Entspannung

Diese kurze Entspannungsübung können Sie machen, wenn Sie vor einer roten Ampel warten, in der Schlange vor der Kasse im Supermarkt stehen, mit dem Zug fahren oder kurz vor einer aufregenden Sitzung die Toilette aufsuchen. Stellen Sie sich so hin, dass beide Füße gleichmäßig belastet sind und ein wenig auseinander stehen. Stellen Sie sich vor, dass Ihr Kopf am Faden eines Luftballons nach oben schwebt – und sich dadurch Ihr ganzer Körper streckt. Das Kinn ragt nach vorne, der Brustkörper dehnt sich. Füllen Sie Ihre Lungen mit frischer Luft und stellen Sie sich dabei vor, dass Sie den Geruch von Tannen oder die salzige Luft des Meeres einatmen. Stellen Sie sich vor, dass der Atem durch ein kleines Loch in Ihrem Kopf (wie bei einem Wal) hineinströmt und an den Zehen Ihren Körper verlässt. Versuchen Sie, Ihre Schultern und Ihren Nacken noch ein wenig mehr zu entspannen. Lassen Sie los, lassen Sie alle Anspannung aus Ihrem Körper herausfließen. Denken Sie dann an etwas, was Sie zum Lachen bringt – das kann eine Bemerkung eines Ihrer Kinder sein, etwas Lustiges, das Sie am Arbeitsplatz erlebt haben oder ein Erlebnis während des Urlaubs. Halten Sie das Bild fest, während Sie zu sich sagen: „Entspanne dich!" Eine Variante ist, im Rhythmus der Atemzüge zu zählen. Sie atmen ein und zählen: eins. Beim nächsten Einatmen zählen Sie: zwei. Das nächste Mal wieder: eins. Und so weiter. Diese Übung aus dem Buch „Drei-Minuten-Meditationen" von David Harp kann Ihnen dabei helfen, an nichts zu denken und sinnloses Grübeln zu beenden. Diese Übung erscheint einfach, aber bevor Sie es merken, haben Sie sich verzählt und denken schon wieder nach. Zwingen Sie sich dann, wieder zur Übung zurückzukehren, und fangen Sie einfach wieder an, beim Einatmen eins zu zählen.

Tag 3

Energiefresser und Energiespender

Schon seit Jahren verlangen Sie sich alles Mögliche ab. Im Beruf und in Ihrem übrigen Leben passen Sie sich immerzu an. Herrisch treiben Sie sich an: „Vorwärts!" Das gesellschaftliche Leben ist zu einer Zwangsjacke geworden, aus der Sie sich nur noch mühsam befreien können. Alles ist Ihnen zur Verpflichtung geworden – und alles scheint gleich wichtig zu sein. Im Beruf kommt es Ihnen so vor, als müsse immer mehr in immer weniger Zeit geschehen. Es gibt Tage, an denen Ihnen kaum noch ein paar Minuten bleiben, um schnell etwas zu essen oder zur Toilette zu gehen. Im Privat- und im Berufsleben lastet großer Druck auf Ihnen. Da Sie sich diesem Druck zu sehr angepasst haben, haben Sie den Kontakt zu Ihren eigenen Bedürfnissen und Sehnsüchten, zu Ihrem inneren Kompass verloren.

Ben Maier ist Hausarzt und vierzig Jahre alt. Er macht in einem vielbesuchten belgischen Städtchen Urlaub. Kurz zuvor hat er sich wegen der Symptome eines Burnout-Syndroms krankgemeldet. Inzwischen geht es ihm jedoch etwas besser, so dass der Urlaub stattfinden kann. Sobald er im Urlaub ist, merkt er aber, dass er ihn nicht genießen kann. Auf belebten Plätzen und in Cafés überfällt ihn plötzlich eine panische Angst, die ihn nur noch denken lässt: „Wie komme ich hier weg?!". Erst in einem Laden, wo er sich zwischen ganz wenigen Leuten befindet, kommt er wieder zu sich.

Wie bekam Ben Maier ein Burnout-Syndrom? Obwohl er schon nach einem Jahr wusste, dass ihm dieser Beruf nicht lag, hat er dennoch fünfzehn Jahre lang als Hausarzt durchgehalten. Und darauf ist er auch noch stolz. Nach einer turbulenten Schulzeit war

Durchhalten sein Leitspruch geworden. Sogar dann, wenn er wider besseres Wissen handelte.

Kann ich noch genießen?

Zu seinem Schreck merkte Ben Maier, dass er Dinge nicht mehr genießen konnte, an denen er früher soviel Freude hatte – Dinge wie Urlaub oder Kochen für die Familie. Was ihm einst Energie gab, raubte ihm jetzt Energie. Er konnte nichts mehr genießen! Wirklich nichts mehr? Ben Maier fing an, eine Liste darüber zu führen, was ihm Energie gab und was seine Energie auffraß. Nur so sollte er herausfinden, was er ändern konnte. Seine Liste sah folgendermaßen aus:

Energiefresser		*Energiespender*	
Beruf	**Privatleben**	**Beruf**	**Privatleben**
Verwaltungs- arbeiten	Einkaufen	Computer	Cafébesuch
Schwierige Patienten	Kinder in der Pubertät	Richtige Diagnose stellen	Essen gehen
Isolation	Kochen	Kollegen	Wochenend- ausflug
Patienten im Krankenhaus anmelden	Mutter im Pflegeheim besuchen	Dankbare Patienten	Familie und Freunde besuchen
Notdienste	Basteln		Gitarre spielen
Zu wenig Zeit für Patienten	Lärm der Nachbarn		Gutes Buch lesen

Er ordnete seine Tätigkeiten neu, so dass sich die Zahl der Energie-spender im Laufe der Zeit erweiterte. Er fing wieder an, sich in Fachliteratur zu vertiefen, und beschloss, sich zu spezialisieren. Er bewarb sich um die Arztstelle in einem Pflegeheim mit geregelter Arbeitszeit – und ohne Notdienste. So bekam er mehr Zeit für seine Hobbys wie Möbel restaurieren. Dazu war er schon seit Jahren nicht mehr gekommen.

Freue dich deines Lebens!

1. Stellen Sie eine Liste mit fünfzig Dingen zusammen, die Sie ge-nießen. Das brauchen keine „großen Sachen" zu sein, die viel Geld kosten oder große Anstrengungen erfordern. Denken Sie an Dinge wie Rollerskates, ein duftendes Badeöl, um sich zu ver-wöhnen, Fotos ins Fotoalbum einkleben, einen üppigen Blu-menstrauß kaufen, einen interessanten Kurs aussuchen und be-legen, ein Museum besuchen, mit Freunden Essen gehen, eine besondere Teesorte kaufen, aufräumen und ganz viel wegwer-fen, jemandem, der krank ist, ein Karte schicken, die Wohnung streichen. Gefällt Ihnen gerade gar nichts mehr? Erinnern Sie sich dann daran, was Sie früher mochten. Greifen Sie zum Bei-spiel ein altes Hobby wieder auf – nicht, um Leistung zu erbrin-gen, sondern, um es zu genießen.

2. *Der innere Kompass* ist eine andere Übung (von der Burnout-Spezialistin Sonja van Zweden), um sich den eigenen Gefühlen und Bedürfnissen zu öffnen. Setzen Sie sich entspannt hin und atmen Sie tief in den Bauch hinein. Schließen Sie die Augen und sagen Sie zu sich: „Ich werde jetzt …" Denken Sie an eine Beschäftigung, die Ihnen früher gefiel, zum Beispiel Fotografie-ren, Aquarell malen oder Sport treiben. Prüfen Sie, wie sich das anfühlt. Angenehm oder unangenehm? Welche Gefühle löst die Vorstellung in Ihnen aus? Was lösen die Gefühle in Ihnen aus? Das Wichtige daran ist, mit Ihren inneren Gefühlen in Berüh-rung zu kommen, so dass Sie lernen, die für Sie richtigen Ent-

scheidungen zu treffen. So kommen Sie sich selbst wieder nahe.

3. Stellen Sie Ihre eigene Liste mit Energiefressern und -spendern auf und benutzen Sie dafür das folgende Schema.

Energiefresser		Energiespender	
Beruf	Privatleben	Beruf	Privatleben

Tag 4

Die Hormone spielen verrückt

Sie hetzen von einem Termin zum anderen. Den ganzen Tag schielen Sie auf Ihre Uhr, als ob sie ein Dieb wäre, der einfach so mit Ihren Minuten davonläuft. Zeit für Sie selbst? Das ist schon lange her. Im Urlaub, ja, dann schon. Einfach nichts tun, ins Leere starren? Die Sonne auf der Terrasse eines Cafés genießen? Dafür gönnen Sie sich keine Zeit.

Wenn Sie dann von heute auf morgen ausgebrannt zu Hause bleiben müssen, haben Sie auf einmal genug Zeit. Aber dann ist es zu spät: Sie können es nicht mehr genießen.

Entspannen gelingt Ihnen nicht mehr. Das wird dadurch verursacht, dass die Stresshormone nicht mehr von selbst auf die Werte des Ruhezustandes absinken. Im Ruhezustand ist der Adrenalinspiegel im Blut niedrig. Wenn man arbeitet, steigt er an, und bei erneuter Entspannung fällt er wieder ab. Wenn man sich nach einer Anstrengung nicht richtig erholt, senken sich die Adrenalinwerte nicht ausreichend. Sie können zum Beispiel feststellen, dass Sie nach vielen Überstunden nachts nur schwer einschlafen. Sie haben den Kopf voller Sorgen, brüten und grübeln immer weiter. Der gleiche Effekt macht sich auch während der ersten Ferienwoche bemerkbar. Sie können sich noch nicht von der Anspannung des Berufs lösen, Sie reagieren überwach und werden das Gefühl des Zeitdrucks nicht los. Außerdem sind Sie anfällig für körperliche Beschwerden: eine Stirnhöhlenentzündung, eine Erkältung oder eine Grippe, rheumatische Beschwerden, Nacken- und Rückenschmerzen. Ausgerechnet in den Ferien werden Sie krank.

Körper und Seele müssen sich erst an die Entspannung gewöhnen; sie wurden ohne Unterbrechung überanstrengt. Es gelingt nicht mehr, sich vom gehetzten und aufgeputschten Zeitplan des Alltages zu befreien. Die folgende Grafik zeigt, wie ein Mangel an Erholung dazu führt, dass sich der Adrenalinspiegel in einem neuen, höheren Gleichgewicht einpendelt. Das bedeutet allerdings auch eine Zunahme der Belastung und einen Raubbau an den eigenen Kräften, weil es mehr Anstrengung erfordert, seine Aufgaben zu bewältigen.

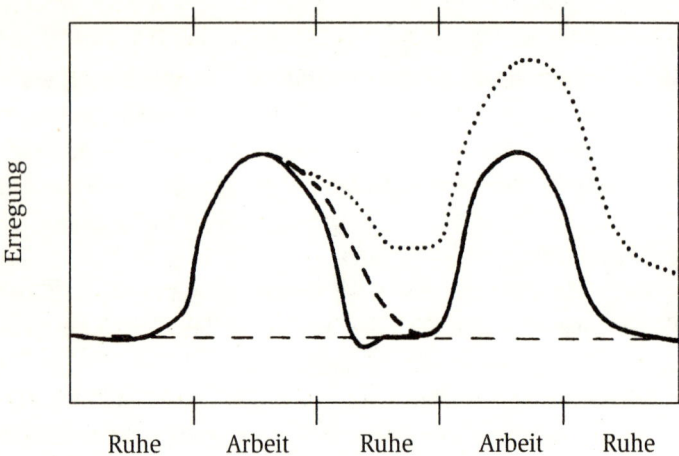

Kurve der Adrenalinausschüttung: Das Erregungsniveau in Abhängigkeit von Arbeit und Ruhe (geschlossene Linie). Wenn es Ihnen schwer fällt, nachts einzuschlafen, sinkt die Konzentration im Blut nur teilweise. Die gestrichelte Linie zeigt den Verlauf bei unzureichender Erholung: wenn die Wahrscheinlichkeit hoch ist, dass das Erregungsniveau (die Adrenalinausschüttung) auch in Ruhe immer noch erhöht ist.

Wirkungsweise der Stresshormone

Adrenalin ist ein Hormon, das für Kampf und Flucht zuständig ist. Der menschliche Körper erzeugt es dann, wenn man sich auf aktives Handeln vorbereitet. Für den Menschen der Vorzeit waren das Situationen, in denen er angreifen oder fliehen musste. In bedrohlichen Situationen sorgt ein Teil des Nervensystems (das sympathische Nervensystem) dafür, dass mehr Blut in die Skelettmuskulatur strömt (um laufen zu können) und weniger in die Haut. Der Puls schlägt schneller, die Atemwege erweitern sich, die Schweißproduktion nimmt zu und Glukose (Traubenzucker) wird ins Blut abgegeben. Dieser Blutzucker ist die Energiequelle für schnelles Handeln. Die Verdauung liegt still, Magen- und Darmbewegungen werden gedrosselt.

Jemand steht unter Hochdruck und ist sehr kreativ und aktiv. In den Nebennieren wird Adrenalin ausgeschüttet. Ein anderer Teil des Nervensystems, (das parasympathische Nervensystem) wirkt genau entgegengesetzt, nämlich hemmend, es verlangsamt den Pulsschlag und regt die Verdauung an. Das ist der Zustand des Wachsens oder des Energieaufbaus.

Mark hat ein tolles Projekt für Schüler entwickelt. Er wendet sich damit an die zuständige Behörde in der Hoffnung, das Projekt in einem früheren Arbeiterviertel mit hoher Arbeitslosigkeit durchführen zu können. In der Behörde ermutigt man ihn, einfach schon anzufangen. Der Zuschuss gehe schon in Ordnung. Aber der Zuschuss lässt auf sich warten und Mark finanziert die Auslagen aus eigener Tasche. Nach ein paar Monaten gerät er in große Schwierigkeiten. Er spricht mit seiner Bank und erhält Aufschub, aber der Stress fordert seinen Tribut. Während eines Kongresses bricht er auf einmal zusammen.

Patienten mit Burnout-Syndrom verlieren manchmal plötzlich das Bewusstsein. Sie fallen buchstäblich um. Dieses Gefühl, ohnmächtig zu werden, kann man auch kurz vor dem Einschlafen spüren. Für einen kurzen Moment fühlt man sich, als ob man in eine tiefe Grube fiele. Die Muskeln ziehen sich zusammen. Danach schläft man ein.

Belastende Situationen kann man nicht immer vermeiden. Aber Sie können versuchen, so mit ihnen umzugehen, dass Sie auf jeden Fall nicht körperlich umfallen. Wenn es Ihnen zum Beispiel schwer fällt, einen großen Raum oder ein belebtes Warenhaus zu betreten, dann nehmen Sie sich Zeit dafür. Gehen Sie hinein und bleiben erst ein

Weilchen ruhig stehen, schauen Sie sich um. Stellen Sie beide Füße fest auf den Boden und spüren Sie, wie sich Ihre Fußsohlen mit der Erde verbinden. Gehe Sie erst dann weiter. Machen Sie diese Übung auch vor dem Autofahren, wenn Sie gestresst sind.

Ein anderes Stresshormon, das bei Stress in die Blutbahn gelangt, ist das von der Nebennierenrinde produzierte Kortison. Kortison hemmt nicht nur das körpereigene Abwehrsystem, sondern auch das Stresshormon Adrenalin. Es verhindert, dass Adrenalin unsere Organe vergiftet.

Vereinfacht gesagt tritt Adrenalin vor allem bei kurzem und heftigem Stress in Erscheinung und wirkt rasch, Kortison wird dagegen bei länger andauerndem Stress aktiv. Es hat den Nebeneffekt, dass es das Auftreten von Gedanken der Machtlosigkeit fördert. Verabreicht man Menschen Kortison direkt, kommen ihnen von alleine negative Gedanken. Depressive Menschen leiden an erhöhter Kortisonkonzentration. Langanhaltende hohe Kortisonspiegel verursachen Schädigungen im Gehirn, die wiederum zu Krankheit, Störungen der Stimmungslage und Anomalien des Denkens (Konzentrations- und Gedächtnisschwäche) führen. Es ist noch nicht bekannt, ob diese Gehirnschädigung bleibend oder umkehrbar ist.

Bei manchen Patienten mit Burnout-Syndrom hat man festgestellt, dass sie das Stadium erhöhter Kortisonkonzentration bereits wieder verlassen haben und ein Erschöpfungszustand eingetreten ist. Dieser führt zu einem gesenkten Kortisonspiegel. Da alle Kräfte verbraucht sind, gelingt es nicht mehr, neue Energie zu mobilisieren. Bei einer kleinen Gruppe von Patienten zeigt sich, dass die Störung der Stressregulation andauert, sie reagieren weiterhin zu heftig auf Reize; es ist, als ob Außenreize ungefiltert in die Person eindringen könnten. Sie sind stressanfälliger geworden, was oft dazu führt, dass sie der Belastung in ihrem heutigen Beruf nicht länger gewachsen sind.

Zeit für Erholung

Nicht nur wenn Sie ausgebrannt sind, sondern auch wenn Sie merken, dem ausgebrannten Zustand sehr nahe zu sein, ist es von größter Wichtigkeit, Erholungspausen in Beruf und Privatleben einzuplanen. Das verhindert, dass Ihre Stresshormone wie oben beschrieben durcheinandergeraten. Wie erreichen Sie das? Informieren Sie sich über Methoden der Zeitplanung und schaffen Sie in Ihrem Privatleben, Ihrem Haushalt und Ihrem Beruf Ordnung.

Ein sinnvollerer Umgang mit der eigenen Zeit führt laut Experten zu einem Zeitgewinn von täglich einer Stunde. Die Ratschläge sind einfach: Setzen Sie Prioritäten. Prüfen Sie erst kritisch, ob eine Tätigkeit wirklich notwendig ist. Erstellen Sie ein Programm, in dem Sie wichtigen Dingen Vorrang einräumen – und lassen Sie sich nicht von Telefonanrufen und e-Mails unterbrechen. Zwingen Sie sich, die wichtigen Aufgabe zu Ende zu führen und sagen Sie öfter einmal „nein". Ein gefährlicher Stolperstein für ein übersichtliches Programm ist die Bearbeitung der Post. Ein Ratschlag von Zeitplanern ist, die Post auf jeden Fall in einem Durchgang zu erledigen. Nicht zu denken: „Ich muss mich darum kümmern" und eine Postsache dann beiseite zu legen. Erledigen Sie es sofort! Lesen Sie die Post zu einer festgelegten Tageszeit, entscheiden Sie während des Lesens, was damit zu tun ist, archivieren Sie, was wichtig ist – und werfen Sie vor allem viel weg. „Professional organizers" zeigen Ihnen, wie Sie Ihre Kleidung, Fotos, Zeitungen und Zeitschriften effektiv aussortieren und dann wegwerfen, was Sie nicht mehr brauchen.

Benutzen Sie den Zeitgewinn zum Faulenzen. Langeweile ist nicht schlimm, sondern gerade ein Zeichen dafür, dass Sie zur Ruhe kommen. *Ent-spannen* Sie.

Planen Sie Ihren Tag und vergessen Sie nie die Erholungspausen! Tragen Sie für die nächsten 25 Tage Ihre Aktivitäten und Ihre „Trödelzeit" in die folgende Tabelle ein.

Tagesschema für Aktivitäten und Erholungspausen

Uhrzeit	Montag	Dienstag	Mittwoch	Donnerstag	Freitag	Samstag	Sonntag
7.00–8.30							
8.30–10.00							
10.00–11.30							
11.30–13.00							
13.00–14.30							
14.30–15.00							
15.00–16.30							
16.30–18.00							
18.00–19.30							
19.30–20.00							
20.00–21.30							
21.30–22.00							
22.00–23.30							

Tag 5

Nahrung fürs Gehirn

Gerda Schwarze ist nach einer zwanzigjährigen Laufbahn an der Universität nun schon seit mehr als einem Jahr krankgeschrieben. Dennoch erholt sie sich einfach nicht. Sie hat körperliche Beschwerden, für die sich zunächst keine Ursache finden ließ. Schließlich stellt sich heraus, dass sie an einem spastischen oder Reizkolon (Kolon = Dickdarm) erkrankt ist. Das ist ein Krampfzustand des Dickdarms, bei dem abwechselnd Schmerzen in der linken Bauchhälfte mit Krämpfen und Verstopfung und Phasen mit Durchfall auftreten. Entstehen kann dieser Zustand als Folge seelischer Spannungen. Weil die Inhaltsstoffe der Nahrung schlechter verwertet werden, kann die betroffene Person weniger Energie aufbauen.

Magenleiden entstehen oft durch Stress. Denken Sie nur an Sätze wie: „Der Auftrag liegt mir schwer im Magen." „Die Probleme mit dem Kollegen sind mir auf den Magen geschlagen." „Beim Anblick der ungelesenen Briefe dreht sich mir der Magen um." „Wegen der ganzen Aufregung streikt mein Magen." – Umgekehrt gilt auch, dass Magenbeschwerden zu einer düsteren Sicht der Dinge führen können. So geraten Sie in einen Teufelskreis der Ohnmacht.

Stress kann das Verdauungssystem stark beeinflussen. Wenn man zum Beispiel heftig erschrickt, werden die Verdauungsorgane schwächer durchblutet – stattdessen wird den Skelettmuskeln in verstärktem Maße Blut zugeführt, damit der Körper in der Lage ist zu fliehen oder zu kämpfen. Stress unterbricht auch die sich wellenförmig fortpflanzenden Einschnürungsbewegungen des Dünn- und des Dickdarms (peristaltische Bewegungen), die nötig sind, um die Nahrung weiterzubefördern. Chronischer Stress kann so zu Verdauungsstörungen führen.

Außerdem kann Stress die Magensäureproduktion anregen oder verzögern, wodurch auf Dauer die Magenschleimhaut geschädigt wird.

Entwicklung von Allergien

Wenn chronischer Stress zum Burnout-Syndrom geführt hat, sind die Stresshormone Adrenalin und Kortison aus dem Gleichgewicht geraten. Bei einer zu hohen Kortisonkonzentration kann der Schaden am Verdauungstrakt zur Perforation der Magenwand führen, bei dem sie dann wie ein Sieb „leckt". Dadurch können mikroskopisch kleine, nur teilweise verdaute Nahrungsteilchen unmittelbar in die Blutbahn gelangen. Das kann zu einer Nahrungsmittel-Unverträglichkeit führen. Man wird für Lebensmittel wie Getreide- und Milcherzeugnisse, die man täglich zu sich nimmt, überempfindlich.

Die Krankheitszeichen, die auf eine undichte Magenwand hinweisen, entstehen nicht immer sofort. Sie treten nach dem Verzehr von Speisen, für die man überempfindlich geworden ist, und manchmal erst mit einer zeitlichen Verzögerung von Stunden oder einem ganzen Tag auf. Man stellt darum nicht sofort den Zusammenhang zwischen einerseits Nahrung und andererseits Beschwerden wie Völlegefühl, Darmträgheit, Blähungen, Verstopfung, Durchfall, Kopfschmerz, Ekzem, Hautflechte oder Gürtelrose her.

Süchtig nach Zucker

Ein zu hoher Adrenalinspiegel kann zu Problemen der Blutzuckerregulation führen. Adrenalin setzt gespeicherten Traubenzucker (Glukose) in der Leber und den Muskeln frei und befördert ihn in die Blutbahn. Das kann etwas später zu einem kleinen seelischen Tief führen, da Insulin den zusätzlichen und überschüssigen Blutzucker beseitigt und in Fett umwandelt. Wenn sich dies während eines langen Zeitraums oft wiederholt, bekommt man ein immer stärkeres Bedürfnis nach Aufputschmitteln wie Kaffee, Schokolade oder anderen Genussmitteln, die schnell zusätzliche Energie geben. Unglücklicherweise gerät man dabei in einen verhängnisvollen Kreislauf: Im Handumdrehen ist die aufputschende Wirkung verpufft und man braucht wieder eine Tasse Kaffee. Hat man sich einmal in diesem Teufelskreis verfangen, kommt ein zweites Problem hinzu: Zu allem Überfluss ernähren sich die Bakterien, die die Perforation der Magenwand erzeugen, auch noch von all den Aufputschmitteln. Falls man obendrein unangenehme Gefühle mit Alkohol beseitigt oder Tabletten nimmt, um Kopfschmerzen zu bekämpfen, macht man alles nur noch schlimmer, da diese Stoffe die Heilung der Magenschleimhaut behindern.

Gesunder „Treibstoff"

Weniger Stress ist *das* Heilmittel, das Gleiche gilt für eine gesunde Ernährung. Untersuchen Sie kritisch Ihre Ernährungsweise. Ganz wichtig ist die Zusammensetzung der Fett- und Zuckerarten. Es hat sich gezeigt, dass das Fett von Fischen viel gesünder ist als die übrigen tierischen Fette. Der Genuss fetten Fisches stimuliert außerdem unser Gehirn! Wenn man viel Fisch isst, ist das Risiko, Herz- und Blutgefäßerkrankungen, Depressionen und das Burnout-Syndrom zu bekommen, viel niedriger. Vor allem die fetten Fischarten sind vorteilhaft: Lachs, Thunfisch, Hering, Sardine, Lachsforelle, Makrele und Sardelle. Die gesünderen Fette kommen auch in vegetarischen Nahrungsmitteln wie Walnüssen, Sojabohnen, Leinsamen, Rübensamen, Kürbiskernen und Hanfsamen vor.

Denken Sie an Ihre täglichen Mahlzeiten. Essen Sie regelmäßig und gesund? Wichtige Dinge, auf die man achten sollte:

- Hören Sie allmählich auf zu rauchen. Experimentieren Sie, indem Sie ab und zu einen Tag lang nicht rauchen und sich eine Frist setzen, zu der Sie wirklich aufhören. Fragen Sie Ihren Hausarzt um Rat, lesen Sie ein Buch oder besuchen Sie einen Kurs zu diesem Thema.
- Schränken Sie Ihren Alkoholkonsum auf vier Gläser wöchentlich ein.
- Trinken Sie einen Monat lang keinen Kaffee und untersuchen Sie, wie Sie sich dann fühlen.
- Vermeiden Sie Arbeitsessen. Die Verdauung wird hier oft nicht richtig angeregt, weil man viel zu angespannt ist. Mit einem Völlegefühl erhebt man sich und die Energie für den ganzen Tag ist verbraucht. Essen Sie mindestens einmal die Woche alleine.
- Probieren Sie Nahrungsmittel aus, die Sie noch nicht kennen. Kaufen Sie sich ein neues Kochbuch und bereiten Sie jede Woche ein Ihnen noch unbekanntes Gericht zu.
- Verwenden Sie keinen weißen Zucker, sondern wählen Sie Honig oder pürierte Früchte, wenn Sie etwas Süßes möchten.

Falls Sie bereits Magenprobleme haben, probieren Sie doch einmal Folgendes:

- Ersetzen Sie Auszugsmehl, Weißbrot und Nudeln aus Auszugsmehl durch Vollkornprodukte.
- Bereiten Sie sich Gemüsesäfte zu. Mischen Sie zum Beispiel den Saft von Kohl mit der dreifachen Menge Karottensaft (das schmeckt besser, als man denkt).
- Aloe-Vera-Saft fördert die Heilung des Verdauungstraktes. Verdünnen Sie den puren Saft (99-prozentig) mit der gleichen Menge Wasser.
- Trinken Sie ein paar Tassen Pfefferminztee nach dem Essen.
- Fügen Sie Ihrem Speiseplan zu warmen Gerichten auch Joghurt und Müsli aus geschroteten Körnern und Sonnenblumenkernen, Sesam-, Lein- oder Hanfsamen hinzu. Auch Haferflocken begünstigen die Heilung der Magenwand.

- Untersuchen Sie, ob Sie gegen Milch oder Getreideprodukte allergisch sind, indem Sie ein paar Wochen lang keine Getreideerzeugnisse essen und keine Milch trinken. In Naturkostläden findet man gute Ersatzprodukte. Wie reagiert Ihr Körper, wenn Sie nach ein paar Wochen wieder anfangen, Getreideerzeugnisse zu essen – nicht alle gleichzeitig, sondern eines nach dem anderen – und auch wieder Milch trinken? Wenn Sie sich dann nicht wohl fühlen, rühren Sie sie nicht mehr an.

Tag 6

Schlafen zur Erholung

Schwierigkeiten mit dem Einschlafen? Zählen Sie nachts jede Stunde das Schlagen der Kirchturmuhr? Wachen Sie mitten in der Nacht auf und können dann nicht mehr einschlafen? Oder werden Sie ganz früh morgens wach, so gegen vier Uhr? Schlafprobleme kommen häufig vor, unter anderem bei depressiver Verstimmung, bei RSI (Mausarm), bei chronischen Schmerzen und beim Burnout-Syndrom. Schlaflosigkeit führt oft dazu, dass man sich im Bett hin- und herwälzt und grübelt und brütet. Manche Menschen klagen, dass sie nicht mehr abschalten können.

Wenn Sie nachts nicht gut schlafen, machen Sie sich darüber tagsüber vielleicht Sorgen. Sie fürchten wegen des Schlafmangels weniger zu leisten und mehr Fehler zu machen. Manche sind schon beim Aufwachen müde. Im folgenden Abschnitt stehen ein paar Tipps, die teilweise aus *„The Times Energy Plan" (2001)* stammen.

Ruhe und Regelmäßigkeit

Die Vorbereitungen für eine gute Nachtruhe fangen schon früh morgens an. Bleiben Sie nicht länger im Bett liegen, weil Sie nachts schlecht geschlafen haben, sondern stehen zur gewohnten Zeit auf. Am besten noch fünf bis zehn Minuten früher, um eine kurze Meditation oder Entspannungsübung zu machen. Machen Sie tagsüber drei- bis fünfmal Entspannungsübungen und ein letztes Mal kurz vor dem Schlafengehen.

Strengen Sie sich dreimal wöchentlich jeweils zwanzig Minuten körperlich an: Geeignete Sportarten sind Konditionstraining,

Joggen, Inline-Skaten oder Schwimmen. Versuchen Sie dies möglichst tagsüber zu tun und nicht abends, da Sie durch die Anstrengung sonst wieder hellwach sind, bevor Sie ins Bett gehen wollen. Es sollten mindestens anderthalb Stunden zwischen der letzten Anstrengung und dem zu Bett gehen liegen. Ebenso macht es wenig Sinn, sich kurz vor dem Schlafengehen einen Thriller anzuschauen. Die ganze Spannung peitscht dann noch durch den Körper und an „ruhig einschlafen" ist nicht mehr zu denken.

Achten Sie auf das Licht im Schlafzimmer, da Licht die innere Uhr beeinflusst. Besorgen Sie sich gute Vorhänge, so dass es im Zimmer dunkel ist. Grelles Licht am Morgen und mitten in der Nacht bringt die innere Uhr durcheinander. Leiden Sie im Winter mehr unter Schlaflosigkeit und sind im Januar immer ein wenig niedergeschlagen? Vielleicht neigen Sie zu Winterdepressionen. Ein bisschen zusätzliches Licht wirkt dann Wunder. Sorgen Sie dafür, dass tagsüber helles Neonlicht Ihren Arbeitsplatz beleuchtet. Auch regelmäßig ins Solarium zu gehen, hilft hier.

Ist Ihr Schlafzimmer komfortabel und nicht zu warm? Haben Sie eine gute Matratze, die nicht älter als zehn Jahre ist? Drehen Sie die Matratze ab und zu um? Können Sie nachts das Fenster öffnen? Auch wenn Sie zu den Menschen gehören, die überall und in jeder noch so unbequemen Position, wie zum Beispiel im Flugzeug, einschlafen können, ist ein angenehmes Klima im Schlafzimmer doch wichtig. Wie verhält es sich mit Geräuschen im Schlafzimmer? Das gleichmäßige Tropfen des Regens auf einer Zeltplane kann ein sehr angenehmes Geräusch zum Einschlafen sein, genauso wie das Rauschen eines Wasserfalls. Anfahrende Lastwagen, Flugzeuge im Tiefflug, Streit oder laute Musik bei den Nachbarn bringen einen um den Schlaf und können das Gleichgewicht empfindlich stören, wenn man deswegen aus dem Schlaf aufschrickt. Schlafen Sie möglichst in einem ruhigen Zimmer.

Auch Nahrung, die schwer im Magen liegt, kann den Schlaf stören. Andererseits kann essen schläfrig machen – das gilt zum Beispiel für eine Mahlzeit mit viel Fett, aber wenig Kohlenhydraten.

Wer nachts unter „ruhelosen Beinen" leidet, kann es mit zusätzlichem Magnesium in der Nahrung versuchen. Essen Sie vor dem Schlafengehen zum Beispiel ein paar getrocknete Feigen, die besonders reich an Magnesium sind. Auch in Roggenbrot, Nüssen und Körnern, Brokkoli und Grünkohl ist viel Magnesium enthalten. Ein paar Streckübungen vor dem Schlafengehen können auch gegen die Nervenzuckungen in den Beinen helfen.

Ein Bad macht schläfrig

Nehmen Sie, zwei Stunden bevor Sie zu Bett gehen, ein Bad. Sie können dem Badewasser ein wenig Kamillenextrakt beimischen. Rühren Sie zwei Teelöffel Kamillenblüten in kochendes Wasser und lassen Sie den Sud abkühlen. Gießen Sie ihn durch ein Sieb ins Badewasser. Versuchen Sie es zur Abwechslung auch einmal mit einem Fußbad. Stellen Sie dazu zwei große Schüsseln oder Eimer auf den Boden, das eine Gefäß mit heißem, das andere mit kaltem Wasser. Tauchen Sie beide Füße drei oder vier Minuten in das warme Wasser und danach dreißig Sekunden in das kalte. Wiederholen Sie das viermal.

Der Geruch von Lavendel wirkt ebenfalls beruhigend. Lassen Sie im Schlafzimmer, bevor Sie ins Bett gehen, Lavendelextrakt durch eine Duftlampe verdunsten, oder schlafen Sie mit einem Lavendelsäckchen unter dem Kopfkissen.

An nichts denken

Viele Menschen grübeln und die beruflichen Probleme lassen sie nicht los. Mit Meditationen am frühen Abend lässt sich verhindern, dass das Grübeln wieder zuschlägt. Machen Sie eine kurze Entspannungsübung (siehe Tag 12), halten Sie die Augen geschlossen und konzentrieren Sie sich auf Ihre Atmung. Atmen Sie drei mal ein und aus. Beobachten Sie, was in Ihnen vorgeht. Unterdrücken Sie nichts, sondern nehmen Sie es wahr: Alles ist erlaubt. Schreiben Sie danach alles auf. Alle Ihre sich überschlagenden Gedanken, Ihre Pläne, Gedankensplitter, Erinnerungen. Sie werden merken, dass es Ihnen nun viel leichter fällt, alles loszulassen.

Schlaftrunk mit Kräutern

Im Handel sind allerlei Kräutermischungen erhältlich, die den Schlaf unterstützen. Sie können sich auch selbst einen Einschlaftee mischen. Wählen Sie drei der folgenden Zutaten: Hopfen, Baldrian, Kamillenblüten, Grüne Minze, Weißdornbeeren, Johanniskraut, Kava Kava, Passionsblume, Zitronenmelisse.

Versuchen Sie, Schlaftabletten soweit als möglich zu vermeiden. In zwei amerikanischen Studien zeigte sich, dass die tägliche Einnahme von Schlaftabletten ein genauso großes Gesundheitsrisiko darstellt, wie das Rauchen von einer bis zwei Schachteln Zigaretten am Tag. Die Wahrscheinlichkeit, an einer Schädigung der Atemwege zu sterben, liegt dabei sechs- bis achtmal höher. Eine weitere mögliche Nebenwirkung von Schlaftabletten ist, dass man in einen bewusstlosigkeitsähnlichen Zustand gerät. Aus ihm erwacht man, sobald die Schlaftablette aufhört zu wirken. Echter Schlaf ist das nicht und oft kann man dann auch nicht mehr einschlafen. Oder es bleibt von diesem unnatürlichen Schlaf eine Art Kater.

Schäfchenzählen der neuen Art

Wenn Sie wirklich wach bleiben sollten, versuchen Sie doch, sich auf etwas anderes zu konzentrieren. Denken Sie nicht gebetsmühlenartig: „Ich kann nicht schlafen!". Früher hat man Schäfchen gezählt, heute können Sie eine Meditationsübung machen. Sie verlagern dazu ihre Atmung tief in den Bauch und zählen beim Einatmen „Eins", dann atmen Sie aus. Beim nächsten Einatmen zählen Sie „Zwei" und atmen aus. Beim übernächsten Einatmen zählen Sie wieder „Eins" und atmen aus, atmen ein, „Zwei" usw.

Belohnen Sie sich nicht für das Wachliegen. Lesen Sie keine spannenden Bücher, kochen Sie sich keinen Tee, bei dem Sie sich auch noch etwas zum Naschen holen. Sie werden merken, dass das Wachbleiben sich durch angenehme Beschäftigungen nur immer weiter verlängert. Umgekehrt gilt, dass die Schlaflosigkeit schneller vorüber ist, wenn Sie etwas Unangenehmes tun, wie zum Beispiel das Telefonbuch abschreiben.

Selbst wenn Sie stundenlang nicht schlafen können, bleiben Sie im Bett liegen. Ihr Köper ist auch so durchaus in der Lage, sich auszuruhen. Eine Nacht lang nicht zu schlafen, ist nicht so schlimm; vielleicht schlafen Sie sogar ein paar Nächte hintereinander schlecht. Aber schließlich werden Sie merken, dass Sie dann ein paar Nächte lang ganz, ganz fest schlafen. Die Natur stellt das Gleichgewicht meist von selbst wieder her. Vertrauen Sie darauf!

Tag 7

Positives Denken

Als der Unternehmensberater John Jaakke mit der Teilung einer der größten niederländischen Rechtsanwalts- und Notariatskanzleien beschäftigt war, beschrieb er in seinem „Holländischen Tagebuch", wie er dabei mit seinen Gefühlen umging. Er musste alle Teilhaber auf einen gemeinsamen Kurs bringen und fühlte sich oft wie „der einzige Laternenpfahl in einer Straße mit siebzig Hunden." Um dem gewachsen zu sein, setzte John Jaakke drei Strategien ein: Einmal wöchentlich nahm er abends an einer Yogagruppe teil, bei der er sich genüsslich entspannte. „Zugegeben: Ein komischer Anblick, fünf gestandene Männer auf einer Matte". Zweitens nahm er sich ein Beispiel an einem ausländischen Kollegen, Raj Raithetha von Versatel. Raitheta zufolge liegt die Stärke Versatels *im Positiven Denken*. Die dritte Methode war, dem neuen Vorstand der Kanzlei ein Notpaket aus einer rosa Brille, einem Döschen Aufputsch-Tabletten, einem Boxball zum Abreagieren von Stress und einem Plüschtier für einsame Augenblicke zusammenzustellen.

Rational-Emotive Therapie

Beim *Positiven Denken* setzt man eine rosa Brille auf. Diese Technik kann man sich aneignen, indem man viel mit der *Rational-Emotiven Therapie* (RET) arbeitet. Der Grundgedanke der rational-emotiven Therapie ist der, dass die Menschen nicht unter konkreten Ereignissen leiden, sondern an deren Interpretation. Der amerikanische RET-Psychologe Richard Ellis sagt: „Wir leiden oft unnötigerweise, weil unser Kopf mit falschen Annahmen über das

Leben gefüllt ist. Wer diese rational bekämpft, ist von negativen Gefühlen erlöst".

Wohlgemerkt: Es ist nicht so, dass man alles mit positivem Denken lösen kann. Es geht auch nicht um Schönfärberei. Für einen politischen Gefangenen, der gefoltert wird, oder für jemanden, der unheilbar krank ist, stellt RET keine echte Lösung dar. RET ist ein ausgezeichnetes Hilfsmittel für Situationen, die man auch aus einem anderen Blickwinkel betrachten kann. Es geht um den feinen Unterschied zwischen subjektiv und objektiv. Stellen Sie sich die Frage: Leidet jeder, der dies erlebt, darunter? Wenn ja, dann nützt RET nur wenig. Wenn Sie aber zum Beispiel denken, es sei ungerecht, dass Ihnen so etwas zustößt, kann RET Ihnen helfen, diesen Gedanken zu hinterfragen. Stellen Sie sich die Frage: Wäre es gerechter, wenn es jemand anderem geschehen würde? Warum sollte es gerade Ihnen nicht widerfahren? So können Sie Schritt für Schritt Ihre eigenen (negativen) Gedanken analysieren und entkräften.

Wann nützt die rosa getönte Brille?

Aber woher weiß man, ob bei einem bestimmten Problem RET die richtige Vorgehensweise ist? Machen Sie sich die Faustregel zum Prinzip, dass Sie das Problem immer auch auf eine andere Weise betrachten können.

Ein Beispiel: Peter Schreiber, Gymnasiallehrer, erkrankte nach der Oberstufenreform am Burnout-Syndrom. Wäre es nun günstig für ihn, die reformierte Oberstufe weiterhin abzulehnen und eine politische Kampagne zu führen? Oder sollte er seine Gefühle genauer untersuchen, um sie verändern zu können? RET kann hier wirken: Es gibt schließlich auch Lehrer, die mit den veränderten Lehrbedingungen zufrieden sind. Sie erfahren sie als eine Herausforderung und genießen ihre Rolle als Förderer selbständigen Lernens. Wie man diese Brille aufsetzt, veranschaulicht das folgende Beispiel.

Die rosa getönte Brille: Das ABCDE-Modell

Das ABCDE-Modell besteht aus fünf einzelnen Schritten. Man beschreibt zunächst die Situation, die einem ein unangenehmes Gefühl verursacht. Die Situation ist A, das negative Gefühl ist C. Das negative Gefühl wird durch die Art und Weise, wie man die gegebene Situation interpretiert, erzeugt. Das ist B. Die Gedanken bei B kann man hinterfragen, indem man sich folgende vier Fragen stellt:

1. Ist es wirklich wahr? Was sind die Tatsachen?
2. Erreiche ich dadurch mein Ziel, dass ich so denke?
3. Bringe ich mich nicht in einen unnötigen Konflikt mit mir selbst?
4. Oder mit jemand anderem?

A = **A**uslöser oder Problemsituation.
B = **B**eurteilung oder irrationaler Gedanke.
C = **C**onsequenz: das negative Gefühl oder unproduktives Verhalten.
D = **D**iskussion mit sich selbst: das Hinterfragen der irrationalen Gedanken.
E = **E**ffekt: Beschreibung, wie man sich in dieser Situation fühlen will.

Beispiel für das Aufsetzen der rosa getönten Brille

Auslöser der unangenehmen Gefühle Peter Schreibers

Einführung der Oberstufenreform

Beurteilung der Einführung: die irrationalen Gedanken

1. Ich werde meinen Schülern nicht gerecht, denn ich kann sie nicht mehr gut unterrichten. Deshalb können sie die Prüfungen nicht bestehen.

2. Ich kann damit nichts anfangen, ich habe keine Kontrolle mehr, ich bin ohnmächtig.
3. Es ist besser, dass ich mich zurückziehe, mich nicht mehr engagiere und mich distanziere.
4. Ich sehe, wie Schüler auf Abwege geraten. Wenn ich so wie früher unterrichtet hätte, hätte ich sie retten können.
5. Ich werde mir selbst nicht gerecht, wenn ich mich dazu zwinge auf diese Art zu unterrichten.

Consequenz: das negative Gefühl

Ärger, Angst und Traurigkeit.

Diskussion: Hinterfragen der irrationalen Gedanken (siehe B):
Was kann ich ihnen entgegensetzen?

1. Es ist nicht wahr, dass alle Schüler Opfer der Reform geworden sind. *Ein* bestimmter Schülertypus findet sich nicht so gut zurecht. Das habe ich mit dem Rektor besprochen und er wird geeignete Maßnahmen ergreifen.
2. Ist das wahr? Ich habe gemerkt, dass sich meine Kollegen coachen lassen. Vielleicht sollte ich auch einmal einen Coach aufsuchen.
3. Erreiche ich so mein Ziel, auf eine für mich befriedigende Art zu unterrichten? Nein, überhaupt nicht. Es wäre sinnvoller, mir meine eigenen Ziele zu setzen, und zu versuchen, mit einem Coach diese Ziele zu verwirklichen. Auch in meinem Alter gibt es noch einiges zu lernen, obwohl ich es weiterhin schade finde, dass es nicht mehr wie früher ist.
4. Ich weiß nicht mit hundertprozentiger Sicherheit, ob ich sie hätte retten können. Außerdem bürde ich mir so eine unendlich große Verantwortung auf. Es gibt ja noch andere Kollegen. Wenn ich mich in meinem eigenen Unterricht anstrenge und Verantwortung übernehme, bin ich nicht dafür verantwortlich, wenn *ein* Schüler auf Abwege gerät.
5. Ist es wahr, dass ich mir selbst nicht gerecht werde? Das gilt nur

dann, wenn ich krampfhaft an den alten Unterrichtsmethoden festhalte, während jetzt andere Fähigkeiten von mir erwartet werden. Andere Kollegen haben sich damit angefreundet, warum sollte mir das nicht auch gelingen?

Effekt: Wie ich mich fühlen will

Gelassen, meine Gefühle unter Kontrolle haben.

Positives Denken üben

Peter Schreiber hat beschlossen, sich coachen zu lassen und seinen Unterrichtsstil den Anforderungen der reformierten Oberstufe anzupassen. Er ist dadurch viel gelassener geworden und schläft besser. Die Ohnmachtgefühle sind vorüber. Er hat sich mit seinen Kollegen darüber ausgetauscht und sie unterstützen ihn jetzt mehr als zuvor, denn sie wollen ihn auf keinen Fall verlieren. Sie schätzen ihn wegen seiner menschlichen und beruflichen Qualitäten.

Wenn Sie jetzt Ihr eigenes Stresstagebuch durchlesen, stellen Sie sich die Frage: Welche Situation kann ich mit RET durchnehmen? Stellen Sie ab heute täglich eine RET-Analyse auf und benutzen Sie dafür das nachfolgende Schema.

ABCDE-Schema der Rational-Emotiven-Therapie

A = **Auslöser:** Ereignisse, das Verhalten anderer Menschen, sinnliche Wahrnehmungen des eigenen Körpers, aber auch Erinnerungen, Fantasien oder Träume.

B = **Beurteilung:** Gedanken oder innerer Dialog (Selbstgespräche). Diese Gedanken treten manchmal automatisch auf, ohne dass man sich ihrer bewusst wird.

C = **Consequenz:** Gefühle wie zum Beispiel Ärger, Angst, Freude, Traurigkeit, Spannung, Nervosität.

D = **Diskussion:** B hinterfragen, indem Sie sich vier Fragen stellen:

- Ist es wahr?
- Erreiche ich so mein Ziel?
- Bringe ich mich nicht in einen unnötigen Konflikt mit mir selbst?
- Oder mit jemand anderem?

E = **Ergebnis** des Hinterfragens (ein anderes, erwünschtes Gefühl zu A).

Tag 8

Das Ziel im Visier

In beinahe jedem mentalen Training müssen die Teilnehmer ihre Ziele selbst definieren. Wenn man niedergeschlagen ist, kann das sehr schwierig sein. Man fühlt sich hilflos und hat die Neigung, den Kopf hängen zu lassen. Es ist, als hätte man Scheuklappen vor den Augen und achtet nur noch auf die Dinge, die schief gehen können. Da Geist und Körper zusammenwirken, fühlt man sich auch körperlich schwach und erschöpft. Man kommt nicht mehr von der Stelle.

Wie wir bereits gesehen haben, kann es gut sein, ein anderes Denken zu lernen. Dafür eignet sich das ABCDE-Modell. Genauso wichtig ist es aber, zu lernen, mehr auf sich selbst zu hören. Sie wissen am besten, was gut für Sie ist. Wovon haben Sie den größten Nutzen? In welchen Situationen fühlen Sie sich am wohlsten und sind Sie am leistungsfähigsten?

Vertrauen Sie Ihrer Intuition

Setzen Sie Ihre Selbstkenntnis ein, um ein ganz bewusstes Denkverfahren zu entwickeln.

Der Neurobiologie-Professor Damasio zeigt an einem Beispiel aus dem Leben der Bienen, wie Geist und Körper zusammenarbeiten: Die Futterbienen wissen in einem Feld mit vielen Blüten in unterschiedlichen Farben genau, auf welchen Blüten sie landen müssen, um den heißbegehrten Nektar zu bekommen. Sie benutzen dafür ihr Wissen, die Wahrscheinlichkeitstheorie und eine ganz bewusste Denkstrategie.

- Blüten, bei denen sie eine größere Ausbeute erwarten, besuchen sie lieber als Blüten, bei denen sie einen geringeren Ertrag erwarten („lieber viel Honig als wenig Honig").
- Blüten, auf denen wenig Gefahr besteht, ziehen sie denjenigen Blüten vor, auf denen viel Gefahr besteht („Anwesenheit von Bienenfressern auf der Blüte").

Das einfache, automatische Gehirn der Futterbienen kann damit die komplizierte Aufgabe der Nahrungsbeschaffung durchführen. Damasio vergleicht dies mit der menschlichen Intuition, die manchmal auf die gleiche Weise – außerhalb unseres Bewusstseins – arbeitet. Man trifft seine Wahl intuitiv. Intuition besteht genau wie bei den Bienen aus Wissen, Wahrscheinlichkeitstheorie und bewusster Denkstrategie. Damasio meint damit, dass wir spontan wissen, was gut für uns ist. Und dass wir dabei einem durchaus rationalen Prinzip folgen, auch wenn wir uns nicht damit beschäftigen.

Die Verbindung wiederherstellen

Wenn wir jedoch auf die abschüssige Bahn geraten sind, die zum Burnout-Syndrom führt, verengt sich unser Horizont. Die Verbindung zwischen Körper und Geist ist gestört. Oft besteht dieser Zustand schon lange und führt zum Beispiel dazu, dass man nicht rechtzeitig den Arbeitsplatz wechselt. Man hat durch langanhaltende Gewöhnung an eine unangenehme Situation die eigene Intuition abgeschaltet.

Zu wissen, was Ihnen gut tut, ist ein Prozess. Wenn man sich in einer guten Verfassung befindet, hat man Lust auf Lebensmittel, die einem gut tun. Hat man sich durch Sport angestrengt, bekommt man großen Appetit auf Vitamin C und Getreideprodukte wie Nudeln. Schwangere haben oft ein kaum zu beherrschendes Verlangen nach Hering, dessen fettes Öl sehr wichtig für die Gehirnentwicklung des Kindes ist.

Der erste Schritt ist daher, sich der Verbindung zwischen Geist und Körper bewusst zu werden. Stellen Sie sich vor, eine Strecke mit dem Fahrrad zu fahren: Fühlen Sie sich bei dieser Vorstellung wohl? Oder wird Ihnen schon beim bloßen Gedanken daran übel? Wenn Sie sich vorstellen, dass Ihre Kollegen zu Besuch kommen: Spüren Sie dann Energie oder erzeugt es ein beklemmendes und bedrängendes Gefühl?

Werden Sie sich Ihrer eigenen Vorlieben bewusst. Vertrauen Sie darauf, dass Ihre Vorlieben Ihrem Selbsterhalt dienen und dazu beitragen, dass Sie gut für sich selbst sorgen.

Das Ziel im Auge behalten

Im Finale des Hockeyturniers bei den Olympischen Spielen war ein einziger Strafschlag entscheidend. In jenem Augenblick wurde Stephan Veen, der den Strafschlag verwandeln sollte, von negativen Gedanken heimgesucht. Alles hing von ihm ab; selbst wenn er der allerbeste Hockeyspieler aller Zeiten gewesen wäre ...: „Ich habe gerade drei Tore erzielt. Es ist mein letztes Spiel. Es geht um Gold oder Silber. Es geht ganz bestimmt schief."

„Zwei Sekunden später war ich all diese Gedanken schon wieder los. Ich wusste wieder, was ich zu tun hatte: an einen erfolgreichen Strafschlag denken und das Bild festhalten. Ich musste außerdem versuchen, das dazugehörige Gefühl wachzurufen. Aber das klappt nicht immer."

Stephan Veen benutzte ein hervorragendes Hilfsmittel: Visualisieren. Die Hockeymannschaft hatte ein mentales Training bekommen, bei dem der Psychologe sie bat, sich ein Erfolgserlebnis aus ihrer Vergangenheit vorzustellen. Das Gefühl, das man während dieser Vorstellung aufbaut, ist das Entscheidende.

Bei einem mentalen Training muss man sich immer Ziele setzen und diese in Worte fassen. Der menschliche Geist denkt in Bildern und diese können sehr großen Einfluss auf das Gefühlsleben ausüben. Wenn Sie sich zum Beispiel bewerben müssen, stellen Sie sich am besten ein erfolgreiches Bewerbungsgespräch aus der Vergangenheit vor. Wenn Sie mit Ihrem Chef verhandeln müssen, denken Sie daran, wie es Ihnen beim letzten Mal gelungen ist, zehn Prozent Gehaltserhöhung zu bekommen.

Stephan Veen deutete an, dass es schwierig sei, das positive Gefühl wachzurufen, das zu einem positiven Bild gehört. Zuerst hatte er dann auch ein negatives Gefühl. Aber je mehr man übt, desto besser ist man in der Lage, durch Visualisieren ein positives Gefühl hervorzurufen. Stephan Veen stellte sich einen gelungenen Strafschlag vor. Damit gelang es ihm, den letzten und entscheidenden Strafschlag kaltblütig zu nutzen, so dass die niederländische Mannschaft mit einer Goldmedaille heimkehrte.

Wenn Sie seine Erfahrung auf sich selbst übertragen, dann wird klar, dass Sie sich Ziele setzen müssen. Dies wird Ihnen leichter fallen, wenn Sie an Situationen denken, in denen Sie ein ganz bestimmtes Ziel erreicht haben – also an Erfolgserlebnisse. Es tut nichts zur Sache, was Ihr Ziel war: Egal, ob es darum ging, den Freischwimmer oder den Führerschein zu machen – Hauptsache, es ist Ihnen gelungen. Wenn Sie es schaffen, sich ein Erfolgserlebnis bildlich vorzustellen, ist der nächste Schritt, sich Ziele zu setzen.

Die innere Quelle

Die folgende Visualisationsübung kann Ihnen helfen, Ihre eigenen Ziele herauszufinden. Bitten Sie jemand anderen, die Übungsanleitung ruhig vorzulesen. Doch entspannen Sie sich zuerst: Sie recken und strecken sich. Konzentrieren Sie sich auf Ihre Atmung. Beim Einatmen dehnen Sie Ihren Bauch ein wenig aus, beim Ausatmen ziehen Sie ihn ein kleines bisschen ein. Legen Sie eine Hand auf Ihren Bauch und spüren Sie, wie sich Ihre Hand durch das Ausdehnen des Bauches etwas hebt und beim Ausatmen wieder zurücksinkt. Sie schließen die Augen. Lassen Sie alle Sorgen und Grübeleien los. Stellen Sie sich vor, dass Sie an einem Ort sind, wo Sie sich frei und geborgen fühlen. Daheim oder während eines Waldspaziergangs oder in der Sonne am Strand.

Beginnen Sie dann die Reise:

„Du gehst auf einem langen Weg, der zu einem Tor führt. Am Tor angelangt betrachtest du es genau. Du nimmst Form und Farbe in dich auf. Du riechst den Geruch seiner Baustoffe. Du suchst das Schloss und findest es. Behutsam öffnest du das Tor. Langsam trittst du hindurch und schließt das Tor hinter dir.

Du findest dich in einem verwilderten Garten mit hohem Gras wieder. Du siehst blühenden Mohn und weit ausladende Obstbäume. Neugierig gehst du weiter und entdeckst eine Treppe. Bei jeder Stufe, die du hinabsteigst, nimmt das Gefühl der Entspannung zu. Sage dir auf jeder Stufe nach unten: „Tiefer und tiefer". Bei der letzten Stufe kommst du auf eine Grasfläche. Du gehst zehn Schritte und gelangst an den Rand eines Waldes. Du gehst über den Waldboden und atmest den Duft der Bäume und des Mooses ein. Du hörst den Gesang der Vögel.

Schließlich dauert es dir zu lange. Hört der Wald überhaupt nicht mehr auf? Die Geräusche erkennst du nicht mehr, das Knacken der Äste, das Zucken der Schatten macht dir Angst. Du beschleunigst deinen Schritt und atmest erleichtert auf, als du eine Lichtung erreichst.

Du bist stumm vor Staunen. Du stehst vor einer paradiesischen Oase aus Frieden und Ruhe. Noch nie hast du solch einen Ort gesehen. Langsam gehst du auf die Mitte der Stelle zu. Dort entdeckst du eine sprudelnde Quelle. Du setzt dich neben die Quelle und betrachtest sie lange. Du fühlst dich zu dem schimmernden Wasser hingezogen. Es ist, als hätte dir die Quelle etwas über deine innersten Wünsche zu sagen. Konzentriert horchst du auf die Botschaft der Quelle und du begreifst, was sie dir sagen will. Du nimmst diese Botschaft gut in dich auf. Nach einer Weile stehst du auf und trittst den Rückweg an. Der Weg durch den Wald kommt dir jetzt ganz kurz vor. Du kommst zur Rasenfläche und gehst auf die steinerne Treppe zu. Bevor du die steinerne Treppe betrittst, drehst du dich um, schaust noch einmal in die Richtung der Quelle. Du denkst noch einmal daran, was sie dir gesagt hat. Gemächlich steigst du die Treppe hinauf und bist schließlich wieder beim Tor. Du öffnest es, gehst hindurch und schließt es von außen so gut ab, dass niemand anderes es öffnen kann."

Der Weg vor dem Tor bringt Sie zurück, in diesen Raum. Nehmen Sie sich soviel Zeit, wie Sie brauchen, um wieder ganz wach zu werden. Öffnen Sie Ihre Augen und kehren Sie in diese Umgebung zurück. Falls Sie möchten, strecken und recken Sie sich.

Denken Sie noch einmal an die Reise zurück und versuchen Sie die folgenden Fragen zu beantworten:

- Wie sah die Quelle aus? War es ein mächtiger Strom oder ein schwaches Rinnsal?
- Was war ihre Botschaft? Was sagt die Quelle über Ihre Bedürfnisse, Wünsche und Sehnsüchte aus? Was ist eine zwingende Notwendigkeit und was ist eher ein Wunsch?
- Wenn Sie sich eine Übersicht über Bedürfnisse, Wünsche und Sehnsüchte verschafft haben, versuchen Sie, sich drei Ziele zu setzen. Ziele, die Ihren innersten Bedürfnissen, Wünschen und Sehnsüchten entsprechen.

Was sind Ihre Ziele?

Nehmen Sie sich jeden Tag fünf Minuten Zeit für das mentale Training „Erreichen meiner Ziele". Vergegenwärtigen Sie sich ein Erfolgserlebnis und halten Sie es fest. Rufen Sie das dazugehörige Gefühl zurück. Welcher positive Gedanke über Ihre eigene Person gehört zu diesem Bild und zu diesem Gefühl? *Ich schaffe es* oder *Ich werde Erfolg haben*? Setzen Sie sich dann ein neues Ziel mit Hilfe des Gefühls des Erfolgserlebnisses und des positiven Gedankens.

Machen Sie aus dem positiven Selbsturteil ein Leitmotiv, das Sie in Gedanken wiederholen. In einer brenzligen Lage oder gerade auch in einem ruhigen Augenblick denken Sie an sich, während Sie sich sagen: *Ich bin glücklich* oder *Die Sonne geht wieder auf*. Das Leitmotiv kann auch Ihre zentrale Fähigkeit sein (siehe Tag 18).

Tag 9

Entfalten Sie sich! Verändern Sie sich!

„Es steckt mehr in mir, ich entfalte derzeit nicht mein ganzes Potenzial", sagen häufig Menschen, die ausgebrannt sind. Sie haben den Eindruck, in ihrem Beruf nicht genügend zur Geltung zu kommen. Andere erklären, sich in einer Sackgasse zu befinden. Für viele Menschen mit Burnout-Syndrom gilt, dass sie nicht mehr an ihren alten Arbeitsplatz zurückkehren wollen – sie suchen verzweifelt zu ergründen, was sie stattdessen tun könnten. Manche haben in ihrem Beruf soviel gegeben, dass sie sich von sich selbst entfremdet haben und damit auch von ihren Fähigkeiten. In allen diesen Fällen wird die Energie nach innen gelenkt. Es beginnt eine Suche nach dem wahren Ich. Dabei geht man davon aus, dass sich die Probleme ganz von selbst lösen, wenn man verstanden hat, wer man wirklich ist. Auch der richtige Arbeitsplatz stellt sich dann ein.

Dieser Versuch, die Kontrolle über sich selbst zu gewinnen, erhöht oft den Druck und damit den Stress. Die Gefühle des Versagens und der Ohnmacht nehmen zu. Man merkt nämlich, dass man bald diese, bald jene Vorstellung von sich hat. Es kann sein, dass Sie plötzlich völlig sicher sind, dass Sie das Unterrichtswesen verlassen und in die Datenverarbeitung einsteigen sollten. Im nächsten Augenblick zweifeln Sie schon wieder daran, denn beim Einkaufen sind Sie der Mutter eines Schülers begegnet, die sagte, was für ein fantastischer Lehrer Sie doch seien. Sie sind zwischen unzähligen Möglichkeiten hin- und hergerissen.

Wie wird aus einer Eichel eine Eiche?

Eine Eichel ist noch keine Eiche, aber sie enthält alles, was nötig ist, um eine ausgewachsene Eiche zu werden. Viele Eicheln bleiben jedoch am Boden als Futter für die Schweine liegen. Zwei Bedingungen müssen erfüllt sein, soll die Eichel zur Eiche werden: sie muss auf fruchtbaren Boden fallen – und sie muss die richtigen Nährstoffe und die richtige Wassermenge bekommen. Die dunkle, schützende Schale springt dann auf und etwas völlig Neues kommt zum Vorschein. Ein überraschendes Ergebnis aus Anlage und Umgebung, wobei die Wechselwirkung der beiden von wesentlicher Bedeutung ist.

Auf Ihre persönliche Lage übertragen bedeutet das: Wenn Sie derjenige werden wollen, der Sie im Grunde sind, ist eine fördernde Wechselwirkung zwischen Ihnen und Ihrer Umgebung entscheidend. Auf der Suche nach den eigenen Wurzeln in der Vergangenheit zu graben, ist nur von geringer Bedeutung, möchten Sie erfahren, was Sie wirklich tun wollen. Selbstverständlich können Sie durch einen Blick in Ihre Vergangenheit untersuchen, was bislang starke und schwache Seiten gewesen sind. Sie können so Ihre zentralen Fähigkeiten und Schwachpunkte benennen (zur Analyse der zentralen Fähigkeiten siehe auch Tag 18). Aber damit wissen Sie noch nicht, welche Möglichkeiten in Ihnen ruhen, um die Zukunft zu gestalten.

Es geht darum, die harte Nuss zu knacken, die Schale der Eichel aufzubrechen, so dass aus der Eichel eine Eiche werden kann. Das ist ein Verwandlungs- oder Transformationsprozess, mit dem man ein überraschendes Potenzial freisetzen kann. Transformieren ist etwas anderes als verändern. Verändern gleicht eher dem Abstreifen einer alten Haut, an deren Stelle eine neue wächst. So wie Raupen sich häuten. Die alte Haut platzt mehrere Mal auf, weil die Raupe wächst, und an die Stelle der alten Haut tritt jedes Mal eine neue. Die Verwandlung einer Raupe über das Puppenstadium in einen Schmetterling ist aber viel größer, ist ein Sprung ganz anderer Art. Es geht nicht um Veränderung, sondern um das Freisetzen persönlicher Möglichkeiten.

Der Durchbruch

Zwei Dinge sind für einen Durchbruch nötig: die fruchtbare Erde und Nährstoffe. Die *fruchtbare Erde* steht für die richtige Umgebung. Diese beeinflusst nachhaltig, wie viel man kann. Carmen Schubert, eine dreißigjährige Frau, arbeitet in einem bürokratisch organisierten Betrieb, während ihre herausragenden Eigenschaften gerade Unabhängigkeit, Freude an Veränderung und Innovationsfähigkeit sind. Sie hat nicht die richtige Stelle und könnte deshalb ein Burnout-Syndrom bekommen. Das gilt umso mehr, da sie all ihre Kräfte darauf verwendet, sich den vermuteten Wünschen der anderen anzupassen. Sie erschöpft sich selbst, weil sie wegen etwas geschätzt wird, was sie nicht ist: jemand, der sich anpasst. Sie wird nicht wegen ihres innovativen Tatendrangs und ihres Ideenreichtums geschätzt. Ihr Selbstvertrauen nimmt zusehends ab, da sie auf ihre Anpassungsfähigkeit nicht stolz ist. Das löst Wut aus, sie hasst und verachtet die Person, die sie geworden ist.

Sie kann den Durchbruch schaffen, indem sie ihre Stärke akzeptiert und eine Umgebung ausfindig macht, die zu ihr passt. Die Transformation besteht aus dem Sprung in eine andere Umgebung, in der sie zeigen kann, was in ihr steckt. Sie muss die Angewohnheit ablegen, sich anderen anzupassen und wegen Eigenschaften geschätzt werden zu wollen, die ihren wahren Fähigkeiten nicht entsprechen. Zu diesem Durchbruch gehört, dass sie nicht *statisch* über sich spricht („So bin ich halt!"), sondern *dynamisch* („Ich weiß nicht, ob ich das kann, aber es reizt mich, es auszuprobieren."). Ein statisches Selbstbild beruht auf dem Wissen, wie Sie in der Vergangenheit reagiert haben, es basiert auf alten Gewohnheiten. Ein dynamisches Selbstbild konzentriert sich auf Ihre Chancen. Sie wissen nicht, ob es gelingen wird, aber Sie nehmen die Herausforderung an. Ein statisches Selbstbild ergibt sich oft aus dem Festhalten an Gewohnheiten und aus der Angst vor Veränderung. Ein dynamisches Selbstbild orientiert sich an Mut und Risikobereitschaft.

Die *Nährstoffe* beziehen sich auf Begeisterung, Energie und Kreativität. Energie kann unterdrückt werden oder verpuffen, wenn wir nicht in der Lage sind, um unsere Verluste zu trauern und den Tatsachen ins Gesicht zu sehen. Ist man in seinem Beruf festgefahren, machen die verpassten Möglichkeiten oft betrübt und bitter. Nicht selten gibt man dafür anderen die Schuld. Aber hinter den Schuldzuweisungen verbirgt sich ein geheimer Kummer: um die unerfüllten Hoffnungen, um die geraubten Illusionen. Es ist wichtig, diese Erfahrungen zu verarbeiten.

Völlig in etwas aufgehen

Die Wechselwirkung mit der Umgebung ist dann am fruchtbarsten, wenn ein Prozess auftritt, der „Flow" genannt wird. Mihaly Csziks-zentmihalyi, Professor für Psychologie an der Chicagoer Universi-tät, führte diesen Begriff ein. Er beschreibt einen optimalen Erfah-rungszustand. Im Flow zu sein ist das Gegenteil von Raubbau betreiben. Sportler erleben den Flow, wenn sie völlig in ihrem Er-leben aufgehen und gleichsam über sich selbst hinauswachsen. Sie behindern sich nicht mehr selbst, sondern können sich dem, was passiert, öffnen. Sie öffnen sich dem Strom des Lebens und behal-ten gleichzeitig den Kontakt mit dem, was Sie dabei spüren. Ihr Be-wusstsein ist wach, Ihre Kreativität entfaltet sich. In Ihrem Beruf ist der Flow der haarfeine Unterschied zwischen *hart* und *befriedi-gend* arbeiten und sich tagaus, tagein abrackern. Den Unterschied zwischen einem Flow und Raubbau betreiben kann man folgen-dermaßen fassen:

Zwei Arbeitsauffassungen

	FLOW	RAUBBAU
Ausrichtung auf	Qualität, Arbeiten ist angenehm	Quantität und Ergebnisse haben Vorrang, Arbeit muss erledigt werden
Ergebnis	Prozess	Produkt
Kompass	Innerlich Eigenes Tempo Eigener Rhythmus Eigene Organisation Abwechslung	Äußerlich Druck Empfangen von Befehlen Sich anpassen/sich zwingen Zu lange weiterarbeiten
Energie	Spendend	Raubend
Konzentration	Vollständig	Gestört
Motivation	Wollen. Gefallen finden. Lust haben. Es geht von alleine	Müssen. Etwas tun, weil andere das gerne wollen. Anerkennung von anderen
Erleben	Kreativ	Abstumpfend
Erholung	Vollständig	Teilweise
Grenze	Eigenes Wohlbefinden und Wohlergehen	Alles muss erledigt werden. Arbeiten bis zum Umfallen

Wegweiser

Für das persönliche Wachstum, für Veränderung und Transformation bestehen keine Patentrezepte. Es gibt jedoch ein paar Wegweiser. Der *erste* Wegweiser ist der innere Kompass: Zugang zu den Dingen finden, die einem gefallen und die man mag. Lernen seine Intuition zu benutzen (siehe Tag 8 und die entsprechende Übung). Der *zweite* Wegweiser ist eine Flow-Übung. Setzen Sie sich bequem hin, entspannen Sie sich, indem Sie auf Ihre Ein- und Ausatmung achten. Atmen Sie einige Male ruhig ein und aus und kehren Sie dann in Gedanken zu einem Augenblick zurück, als Sie sich sehr wohl gefühlt haben. Sie waren damals mit etwas beschäftigt und hatten ein Flow-Gefühl. Sie fühlten sich gut und stark, Sie hätten es mit der ganzen Welt aufnehmen können. Warten Sie, bis die Erinnerung an eine solche Situation in Ihnen aufsteigt und wenden Sie sich ihr kurz zu. Welche sinnlichen Wahrnehmungen traten auf: Was haben Sie gerochen, geschmeckt, gehört und gespürt?

Den *dritten* Wegweiser bietet die „Wunderfrage" von Marianne van der Pool. Wie würde Ihre Antwort auf die Wunderfrage lauten? Während Sie schlafen, geschieht heute Nacht ein Wunder. Das Problem, das Ihnen zur Zeit am meisten Sorgen macht, ist gelöst. Was ist das erste, kleine Zeichen, dass etwas für Sie Günstiges geschehen ist? Was würde Ihr Partner/Ihre Partnerin merken? Was Ihre Kinder und was Ihr Hund? Bewerten Sie den Tag, als alles noch unverändert war, mit null Punkten. Dem Tag danach geben Sie zehn Punkte. Nehmen Sie an, dass Sie bei fünf Punkten angelangt sind. Was ist geschehen, dass Ihre Lage jetzt dieser Punktzahl entspricht? Was erwarten Sie, am Ende dieser Entwicklung erreichen zu können?

Wählen Sie einen der drei Wegweiser aus und legen Sie mit Hilfe des gewählten Wegweisers drei Ziele fest. Geben Sie den Zielen zehn – und der heutigen Ausgangslage null Punkte. Erstellen Sie einen Stufenplan, wie Sie Ihre Ziele erreichen können.

Öffnen Sie sich dem Unerwarteten

Eine der besten Methoden, um eingefahrene Gewohnheiten zu durchbrechen, ist, sich auf nicht-routinemäßige Handlungen zu konzentrieren. Bezüglich Ihrer beruflichen Laufbahn geht es also um Tätigkeiten, die Sie normalerweise nicht machen. Zeitschriften lesen, die Sie sonst nie lesen. Kongresse besuchen, die Sie gewöhnlich meiden, weil Sie denken, dass sie nichts zu bieten haben. Sie surfen einfach so im Netz und denken dabei unterschwellig an alternative Laufbahnmöglichkeiten. Auf neue Einfälle können Sie auch kommen, indem Sie ein beliebiges Buch aufschlagen und blind auf ein Wort zeigen. Ihr Gehirn entdeckt unaufgefordert neue Chancen, indem es über das Wort nachsinnt und Assoziationen dazu entwickelt. Zu einem späteren Zeitpunkt, wenn Sie sich überhaupt nicht mehr damit beschäftigen, haben Sie plötzlich eine glänzende Idee ...

Tag 10

Umschalten ist möglich

Arbeiten ist manchmal wie eine Droge. Man kann völlig süchtig danach werden. Wenn Arbeiten zur Sucht geworden ist, ist das Risiko, an einer Berufskrankheit wie dem Burnout-Syndrom oder RSI (dem Mausarm) zu erkranken, groß. Arbeitssüchtige Menschen nennt man auch „Workaholics". Kein freundlicher Begriff: Er scheint sagen zu wollen, dass Menschen selbst an ihrem Burnout-Syndrom oder ihrem RSI schuld sind. Diese Schuldzuweisung ist unberechtigt, denn der Einfluss der Arbeitsbelastung ist größer als der Einfluss persönlicher Eigenschaften. Aber auch dann, wenn man sich nicht selbst die Schuld gibt, ist es sinnvoll, kritisch zu hinterfragen, warum man bis zum Äußersten weiterarbeitet, warum man nicht mehr aufhören kann zu arbeiten. Warum lässt man sich nicht rechtzeitig krankschreiben? Und warum nimmt man nie alle Urlaubstage?

Wenn Sie sich eingestehen müssen, mit dem Arbeiten nicht mehr aufhören zu können, ist es wichtig zu untersuchen, ob eine Arbeitssucht dahinter steckt. Das ist vor allem deswegen wichtig, weil Sucht ein Vorgang ist, der sich selbst aufrechterhält. Arbeitssucht verschwindet daher nicht, wenn man aufhört zu arbeiten. Die Sucht verlagert sich nur: stundenlang am Computer sitzen und im Netz surfen, allen Sonderangeboten hinterher jagen, dem Alkohol verfallen, wie besessen zum Training gehen oder ständig mit dem Rennrad fahren. Kurz gesagt widmet man sich einer anderen Sache mit genau dem gleichen Einsatz, mit dem man vorher gearbeitet hat.

So erholt man sich natürlich überhaupt nicht, denn der ganze Tag besteht nun daraus, auf einem anderen Gebiet Leistung zu erbringen. Menschen, die sich von einem Burnout-Syndrom erholen und anfangen zum Training zu gehen, erzählen oft, wie sie auf ihre Nachbarn an den Sportgeräten achten: Bin ich schneller? Schwitze ich mehr? Sie sind darauf fixiert, noch schneller zu rudern, zu radeln oder zu rennen. Ob sie Spaß daran haben, hat für sie keinerlei Bedeutung. Es geht ihnen nur um Zielvorgaben und Leistung.

Hier ist „Umschalten" unumgänglich. Das kann man aber nur erreichen, wenn man seine Einstellung ändert.

Ohne Arbeit nicht mehr leben können

Eine der attraktiven Seiten der Sucht ist, dass sie einen Kick oder Rausch auslöst, der unangenehme Gefühle betäubt und Spannungen lindert. Das gilt für verschiedene Suchtformen. Ob man Drogen nimmt, Alkohol trinkt oder am Glücksspielautomaten sitzt, macht keinen Unterschied. Worum es geht, ist, dass man kurze Zeit „weg" ist, von sich selbst erlöst, und völlig in einem leidenschaftlichen und mitreißenden Gefühl aufgehen kann. Man verschmilzt mit seinem Erleben. Freud nannte es ein ozeanisches Gefühl, einen Augenblick des Eins-Seins mit der Welt. Ähnlich kann man sich fühlen, wenn man verliebt ist. Dieses Gefühl hebt Sie einen Augenblick über die traurige Alltagserfahrung von Schmuddelwetter, schmutzigen Straßen und lästigen Nachbarn hinaus. An sich ist gegen dieses Gefühl nichts einzuwenden. Wir wollen uns alle so fühlen. Es gleicht dem Gefühl, das Sportler Flow nennen: Völlig in einem Wettkampf aufgehen und kurz über sich selbst hinauswachsen. Nicht der Sieg an sich ist es, worum es geht, sondern die Hingabe an den Prozess, an die Leistung, die man gerade erbringt. Es wird erst dann zur Sucht, wenn man nicht mehr ohne diese Erfahrung auskommt, wenn man ohne sie ängstlich, verwirrt oder verzweifelt wird, wenn man keine Wahl mehr hat und arbeiten muss, um sich nicht bedeutungslos zu fühlen. Man fürchtet, sich vor lauter Verzweiflung das Leben zu nehmen. Muss man sich selbst oder anderen eingestehen, die Arbeit nicht entbehren zu können, hat man die Schwelle zur Sucht überschritten. Es zeigen sich Entzugserscheinungen, wenn man wegen eines Burnout-Syndroms oder wegen RSI aufhört zu arbeiten. Betroffene werden dann sehr unruhig oder auch depressiv, einige wenige verlieren sogar den Bezug zur Wirklichkeit und werden psychotisch.

Wie wird man süchtig

Es gibt verschiedene Arten, mit Problemen umzugehen. Eine davon ist Sucht. Man flieht in den Beruf, die Arbeit wird Mittel zum Überleben. Manche Menschen erzählen, wie sie sich in die Arbeit stürzten, als eine geliebte Person starb oder als sie geschieden wurden. Ist dieses Verhalten nur vorübergehend, so ist es nicht allzu problematisch. Merkt man jedoch, dass man wie ein Drogensüchtiger von diesem Adrenalinstoß abhängig geworden ist, dann ist es zu einem Problem geworden. Der Innenarchitekt Heinrich Stein war schon zwei Jahre lang ausgebrannt, bevor er sich deswegen behandeln ließ. Er arbeitete nicht mehr, war aber computer- und kaufsüchtig geworden. Vor den Therapiesitzungen saß er im Wartezimmer und sah auf eine eigenartige Weise die Zeitschriften durch. Er verschlang die Bilder; sein Blick war völlig fixiert, sein Gesicht und seine Körperhaltung waren verkrampft und mit wütenden Bewegungen schlug er die Seiten so schnell wie möglich um. Es war, als wolle er alles speichern und als sei er wütend darüber, dass es so viele Abbildungen gab. Diese zwanghafte Einstellung hatte er in allen Bereichen seines Lebens.

Indem er jeden Tag alles, was er tat, aufschrieb, fiel ihm dieses Verhalten auf und er fing an, es zu hinterfragen. Er verringerte die Zeitdauer, die Häufigkeit und die Intensität, mit der er sich mit verschiedenen Tätigkeiten beschäftigte. Statt jeden Tag dreimal, ging er nur ein einziges Mal einkaufen. Er saß nicht mehr abends, sondern tagsüber eine Stunde am Computer. So gewann er Zeit. Er benutzte sie für Dinge, die er genießen konnte. Das Genießen stellte sich nicht sofort ein, denn erst einmal musste er sich umgewöhnen. Im Laufe der Zeit gelang es ihm, sich zu entspannen. Seine Einstellung änderte sich: Das Zwanghafte verwandelte sich in Aufmerksamkeit. Er dachte darüber nach, was ihm früher besonders gut gefallen hatte. Das waren Malen, Fotografieren, Musikhören und Lesen gewesen. Er plante Zeit dafür ein und kam so zur Ruhe und entspannte sich. Allmählich gelang es ihm wieder zu genießen.

Während der Behandlung seines Burnout-Syndroms entdeckte Heinrich Stein auch den Grund seiner Sucht. Er war der einzige in seiner Familie, der sich für einen Beruf außerhalb des Familienbetriebs entschieden hatte. Er zog es vor, seinen eigenen, wenn auch schwierigen Weg zu gehen, obwohl sich ihm im Familienbetrieb eine glänzende Zukunft geboten hätte. Sein Vater betrachtete ihn als Spielverderber und setzte ihn dennoch unter Druck, im Betrieb zu arbeiten. Seine Brüder sprachen höhnisch über das Auto, das er sich gerade so leisten konnte, während sie selbst dicke BMWs fuhren. Auf seinem Fachgebiet, Formgebung und Design, wollte sich Heinrich Stein deshalb unbedingt beweisen. Er wollte seinem Vater zeigen, dass er die richtige Wahl getroffen hatte und ihn auch davon überzeugen. Er holte alles aus sich heraus, nur um seinem Vater und seinen Brüdern zu beweisen, dass er nicht zu den Versagern gehörte. Koste es, was es wolle. Das schmerzliche Gefühl darüber, dass sein Vater ihn abwies, verdrängte er, indem er die Position des Außenseiters der Familie bezog. Aber im Grunde war er immer noch von der Anerkennung seiner Eltern abhängig. Deshalb war die Therapie auch ein erster Schritt zu einem eigenständigen und selbstbestimmten Leben.

Wie befreit man sich von seiner Sucht?

Drei Dinge sind notwendig:
1. Machen Sie sich bewusst, dass Sucht nicht mehr (vor allem aber auch nicht weniger) ist, als eine Haltung, mit der man die alltäglichen Dinge tut.

2. Verringern Sie diejenigen Tätigkeiten, die Sie wie ein Süchtiger (das heißt wie besessen) ausführen. Erledigen Sie sie weniger intensiv. Benutzen Sie die Zeit, die Sie damit gewinnen, für Dinge, die Sie früher liebten. Machen Sie eine Tageseinteilung, behalten Sie diese jeden Tag strikt bei und schreiben Sie auf, was Sie im Laufe des Tages tun. Vergessen Sie nicht zu faulenzen.

3. Welche Gefühle tauchen auf, wenn Sie einmal nicht an sich selbst vorbei rennen? Werden Sie traurig, wütend oder ängstlich? Geben Sie den Gefühlen Raum, untersuchen Sie sie und prüfen Sie, ob sie berechtigt sind. Versuchen Sie, alleine oder mit der Hilfe eines anderen diese Gefühle zu verarbeiten, so dass Sie Ihre Vergangenheit loslassen können (siehe Tag 11). Erst dann, wenn Sie loslassen, können Sie wieder selbst die Richtung Ihres Lebens bestimmen.

Tag 11

Die Vergangenheit loslassen

Jeder Mensch macht irgendwann in seinem Leben auch schmerzhafte Erfahrungen. Ein Ereignis, an das man mit Traurigkeit denkt. Ein geliebtes Familienmitglied ist gestorben. Man hat eine lebensbedrohliche Krankheit bekommen. Man hat eine Katastrophe überlebt. Man hatte eine Beziehung mit einem sehr eifersüchtigen Partner. Man ist Opfer eines Verfolgers geworden. Es gibt Schätzungen, nach denen 9,7 Prozent der Frauen in ihrer Kindheit sexuell missbraucht wurden, bei Jungen sind es 3,9 Prozent. Manche Menschen wurden als Kind gehänselt und reagieren deshalb überempfindlich, manchmal sogar argwöhnisch auf Bemerkungen ihres Chefs oder ihrer Kollegen.

Die meisten Menschen haben diese schmerzhaften Erfahrungen verarbeitet und sie in ihre Lebensgeschichte integriert. Denken sie aber zum Beispiel an einem Geburtstag oder Todestag eines geliebten Menschen daran, fühlen sie Trauer. Dieses Gefühl äußern sie durch ein tröstendes Ritual, etwa indem sie das Grab besuchen und die Pflanzen pflegen.

Posttraumatische Belastungsreaktionen

Manchmal stockt die Verarbeitung. Wenn man an das schmerzhafte Erlebnis denkt, fühlt man sich wieder genauso elend wie damals. So kann ein Mann, dessen Kind tot zur Welt kam, das Grab nicht besuchen, weil er nach jedem Besuch wie ein Häufchen Elend heimkehrt. Er vermeidet es, an den Tod seines Kindes zu denken und richtet es so ein, dass er nicht in die Nähe des Friedhofs kommt. Wer ein schmerzhaftes Erlebnis aus der Vergangenheit nicht verarbeitet hat, kann unter einer posttraumatische Belastungsstörung leiden. Dieser Fall tritt ein, wenn man zwei oder drei Monate nach dem Ereignis das Geschehene immer wieder neu durchlebt, dessen Folge ein abgestumpftes Gefühlsleben, erhöhte Wachsamkeit oder Reizbarkeit ist:

Das Geschehene immer wieder neu durchleiden

- Die schmerzlichen Erinnerungen drängen sich einem ständig auf.
- Die Bilder des Geschehenen tauchen immer wieder auf.
- Man fühlt sich wieder genauso wie damals.
- Das Geschehene taucht in Alpträumen auf.
- Man ist völlig durcheinander, wenn man durch irgend etwas an das Erlebte erinnert wird.

Abstumpfung des Gefühlslebens (Vermeidungsreaktionen)
- Man versucht, nicht an das schmerzliche Erlebnis zu denken.
- Man arbeitet unermüdlich, weil man nicht daran erinnert werden will.
- Man interessiert sich weniger für seine Umgebung.
- Man fühlt sich, als ob man keine Zukunft mehr hätte.
- Man fühlt sich seiner Umgebung entfremdet.
- Es ist, als zöge alles wie in einem Film vorüber.

Erhöhte Wachsamkeit und Reizbarkeit
- Man erschrickt heftig über Kleinigkeiten wie schlagende Türen.
- Das Einschlafen bereitet Probleme und man wacht nachts oft auf.
- Man fährt wegen kleiner Anlässe aus der Haut.
- Sich zu konzentrieren fällt schwer.
- Die Muskeln sind ständig angespannt, vor allem dann, wenn man auf etwas stößt, das mit dem traumatischen Ereignis zu tun hat.

Die Vergangenheit als Energieräuber

Durch ein traumatisches Erlebnis, das man nicht verarbeitet hat, wird man verletzlich. Wurde man etwa von einem autoritären Stiefvater seelisch gequält, verändert das den Blick auf andere Männer, denen man untergeordnet ist. So kann es sein, dass man mit jedem neuen Chef in Konflikt gerät, da man unbewusst davon ausgeht, er sei wie der Stiefvater. Man misstraut jedem Chef im Voraus, denn man ist davon überzeugt, er würde einen verraten.

Wenn im Beruf ständig ein Aspekt des früheren, traumatischen Erlebnisses wachgerufen wird, kommt es zu chronischem Stress. Dieser führt dazu, dass der Hormonhaushalt völlig durcheinander gerät. Es werden zu viele Stresshormone erzeugt oder – wenn dieser Zustand lange anhält – überhaupt keine mehr. Alle Energie ist dann verbraucht. Man bekommt Beschwerden, die auch bei einem Burnout-Syndrom vorkommen: Schlafprobleme, Alpträume, Konzentrationsstörungen, Gedächtnisprobleme, grundlose Traurigkeit, Reizbarkeit, Anfälligkeit für körperliche Krankheiten, Hyperventilation, keine Lust mehr auf Sex und im Allgemeinen ein Zustand der emotionalen Betäubung.

Ein Beispiel: Überwindung eines Überfalls

Monika Anders (41) arbeitet bei einer Bank. Wegen eines Burnout-Syndroms wird sie krankgeschrieben. Sie leidet unter extremer Müdigkeit, Schlafproblemen, Ängsten. Sie kann sich nicht mehr konzentrieren, hat Weinkrämpfe, Kopfschmerzen, Herzklopfen. Sie hat wenig Selbstvertrauen und in der letzten Zeit im Beruf wenig Leistung gezeigt. Die Auszählung des Fragebogens „Bin ich ausgebrannt?" ergibt einen hohen Wert.

Im Beruf kam es zum Zusammenbruch, nachdem sie einen neuen Chef bekommen hatte, der weniger als sie wusste und den sie einarbeiten sollte. Nach vier Wochen fing sie an, sich von ihm ständig beobachtet und wegen der kleinsten Kleinigkeiten zurechtgewiesen zu fühlen. Zutiefst gedemütigt war sie, als ihr Chef sie darauf ansprach, dass sie so oft zur Toilette gehe. Hatte sie denn nicht ein Recht darauf, sich ab und zu zurückzuziehen?

Was erlebte sie in diesem Konflikt mit ihrem Chef? Ohnmacht. Und ganz viel Angst. Allmählich merkte sie, dass diese Angst nicht nur mit ihrem Chef zu tun hatte. Ein paar Monate davor, hatte sie etwas Schreckliches miterlebt. Während einer Mittagspause war sie alleine am Schalter der kleinen Bankfiliale gewesen. Vor dem Gebäude sah sie einen Mann hin und hergehen. Genau dann, als sich kein Kunde in der Schalterhalle befand, kam der Mann, mit einer Biwakmütze über dem Gesicht, herein. Überfall! Trotz der gründlichen Vorbereitung auf solch ein Ereignis geriet Monika Anders in Panik. Sie konnte den Alarmknopf nicht finden und wurde ohnmächtig. Als sie wieder zu Bewusstsein kam, war der Mann, der sie überfallen hatte, verschwunden. Niemand hatte ihn gesehen. Offenbar hatte sie aber doch auf den Alarmknopf gedrückt, denn die Polizei war da. Sie wurde gut betreut und eine Woche später fing sie wieder an zu arbeiten. Kurz danach bekam sie den neuen Chef und dann begannen die Probleme.

Der Betriebsarzt überwies sie zu einem Burnout-Experten. Obwohl ihre Symptome einem Burnout-Syndrom glichen, steckte ihr der Schreck des Überfalls vermutlich noch in den Gliedern. Als erstes musste daher diese beängstigende Erfahrung verarbeitet werden: Sie sollte sich in jenen Augenblick zurückversetzen, in dem der vermummte Täter ganz dicht vor ihr stand. Hatte sie in jenem Augenblick einen negativen Gedanken über sich selbst? Wenn ja, welchen?

„Ich bin eine dumme Gans", hatte sie gedacht. Sie fühlte sich wie eine Versagerin, weil sie trotz des guten Trainings in Panik geraten war. Sie hatte hyperventiliert und war deshalb ohnmächtig geworden. Nun wurde sie gefragt, wie sie statt dessen gerne über sich denken würde. Selbstverständlich, dass sie in Ordnung sei.

Mit Hilfe der EMDR-Methode (Eye Movement Desensitisation and Reprocessing, einer therapeutischen Methode, die mit schnellen Augenbewegungen arbeitet) gelang es ihr, mit viel geringerer Spannung auf den Überfall zu reagieren. Sie hörte auch auf, negativ über sich selbst zu denken. Es gelang ihr, den positiven Gedanken „Ich habe es überlebt" mit dem Bild des Täters zu verbinden. Sie schlief bald wieder viel besser und fühlte sich nicht mehr so müde.

Schließlich wurden auch ihre Gefühle, die Beziehung zu ihrem Chef betreffend, mit EMDR behandelt. Und zwar erfolgreich. Innerhalb kürzester Zeit konnte Monika Anders ihre Arbeit wieder aufnehmen. Sie veranlasste eine Aussprache mit ihrem Chef, fing eine kaufmännische Ausbildung an und glaubte fest daran, die Prüfung zu bestehen. Trotz allem beantragte sie eine Versetzung in eine größere Filiale. Einen Monat später stellte sich heraus, dass sie die Prüfung mit „sehr gut" bestanden hatte. Mit großer Freude arbeitete sie nun in der neuen Zweigstelle und konnte sich mit ihrem früheren Chef wieder ohne Schwierigkeiten unterhalten.

Lange andauernder Erschöpfungszustand

Monika Anders' Erfahrungen sind ein typisches Beispiel dafür, wie eine durch ein traumatisches Erlebnis entstandene Energieblockade zu Symptomen eines Burnout-Syndroms führen kann. Bei dieser Form des Burnout-Syndroms kann man sich ziemlich schnell erholen, denn wenn die Blockade entfernt wird, strömt die Energie wieder von selbst.

Die andere Form des durch posttraumatischen Stress erzeugten Burnout-Syndroms entsteht dadurch, dass die Verdrängung eines einschneidenden Lebensereignisses zu einer schweren körperlichen und seelischen Entkräftung führt. Man verbraucht soviel Energie, um sich zu behaupten und um zu überleben, dass man sich völlig aufreibt:

Jakob Burg, ein 45-jähriger Fachreferent in einem Ministerium, hatte als Kind einen sehr unzuverlässigen Stiefvater. Wenn dieser betrunken war, schlug er seine Mutter. Einmal war er sogar mit einem Messer hinter dem kleinen Jakob und seiner Mutter hergerannt. Sie mussten sich im Badezimmer einschließen. Jakob Burg brach mit seinen Eltern, als er 21 Jahre alt war. Seither hatte er keinen Kontakt mehr zu ihnen. Er heiratete und bekam mit seiner Frau zwei Kinder. Nach der Geburt bekam seine Frau eine schwere Beckeninstabilität. Sie konnte kaum noch etwas heben, so dass Jakob während der letzten Jahre den Großteil des Haushalts übernehmen musste. Wenn er nach der Arbeit im Ministerium zu Hause endlich alles aufgeräumt hatte, machte er es sich mit einem Bier auf dem Sofa bequem. Aus einem Bier wurden dann schnell drei oder vier. In den beiden letzten Jahren wurde er immer erschöpfter. Die Beziehung zu seinem Chef, den er für einen Ausbeuter hielt, war schlecht. Er konnte es ihm nie recht machen. Nach einer Reorganisation, bei der die Aufgaben, die ihm am besten gefielen, einem Kollegen zugeteilt wurden, bricht Jakob Burg zusammen. Zu dieser Zeit war er schon einige Jahre lang völlig ausgelaugt, schlief schlecht und brauchte jeden Urlaub und jedes Wochenende, um sich ein wenig erholen zu können.

Seine Gesundung beanspruchte längere Zeit. Zuerst musste er daran arbeiten, seine körperliche Gesundheit wieder zu erlangen und ein besseres Gleichgewicht von Beruf und Haushalt zu finden. Erst danach konnte er mit der Verarbeitung seiner traumatischen Kindheitserfahrungen beginnen. Er wandte sich an einen ausgebildeten Therapeuten.

Psychologische Hilfe

Erkennen Sie sich in einem der Beispiele wieder? Oder haben Sie an sich selbst eine oder mehrere der posttraumatischen Reaktionen bemerkt? Zögern Sie dann nicht und suchen Sie psychologische Hilfe. Derartige Ereignisse sind oft zu ernst, als dass man sich damit alleine herumschlagen sollte. Bitten Sie Ihren Hausarzt um eine Überweisung zu einem Diplom-Psychologen oder Psychotherapeuten. Denken Sie darüber nach, ob Sie sich mit dem Therapeuten gut verstehen. Fragen Sie ihn, wie viel Erfahrung er mit der Behandlung von Menschen mit posttraumatischen Symptomen hat.

Tag 12

Keine Angst vor niemandem

Angst raubt Energie. Wenn man ausgebrannt ist, ist das Hormonsystem aus dem Gleichgewicht. Manche Menschen fühlen sich ständig gehetzt, andere wiederum vor allem ohnmächtig. Die meisten grübeln viel. Man könnte sagen, dass Grübeln eine Art seelische Überhitzung ist. Die damit verbundenen Ängste sind oft grundlos, aber selbst wenn man das weiß und einsieht, verschwinden sie nicht. Heftige Angst erinnert an ein anderes Gefühl, nämlich an Argwohn: Man traut sich nicht mehr das Haus zu verlassen, weil man fürchtet, jedermann wisse, dass man ausgebrannt ist. Man sieht ein paar Menschen an der Straßenecke miteinander plaudern und ist sofort davon überzeugt, dass sie über einen lachen. Manchmal hält die Angst einen davon ab, die dringend benötigte Hilfe zu suchen.

Richard Geiger war erst 22 Jahre alt und trotzdem schon ausgebrannt. Ist das möglich? Ja. Auch wenn man noch so jung ist, kann man schon seit Jahren unter großem Druck stehen. Richard Geiger arbeitete im Geschäft seiner Eltern, im Grunde schon drei Jahre unter Aufbietung all seiner Kräfte. Oft hatte er seine Eltern darauf angesprochen, doch sie glaubten, die Dinge würden sich von alleine ändern. Letztendlich aber geschah nichts. Der Tropfen, der das Fass zum Überlaufen brachte, war ein anmaßender Kunde. Jedes Jahr brachte er es aufs Neue fertig, die benötigten Angaben zu spät zu liefern, so dass die Frist nicht eingehalten werden konnte. Mit großer Mühe und viel Geschick hatte Richard Geiger es bisher jedes Jahr doch noch geschafft. In jenem Jahr nun war er krank und konnte die Frist nicht einhalten. Der Kunde sagte, das sei doch keine Art, dass er krank daheim bliebe. Er habe dafür überhaupt kein Verständnis. Diese Undankbarkeit war Richard zuviel: „Immer bin ich für alle da … und nie mache ich es recht … …".

Richards Hausärztin überwies ihn zu einem Psychologen. Aber er traute sich nicht hinzugehen. Die Praxis des Psychologen lag genau zwischen zwei Betrieben, die Kunden seiner Eltern sind. Das machte ihn ängstlich: „Mir kamen alle möglichen Fragen: Stell dir vor, dass mich einer sieht, am Ende ist es noch jemand, der mich kennt." Glücklicherweise kannte die Hausärztin noch andere Möglichkeiten und schlägt die psychologische Beratungsstelle vor. Aber auch davor schreckte Richard zurück … …

Richard Geigers Angst hat mit seinen Eltern zu tun, in deren Betrieb er arbeitet. Sie sahen untätig zu, wie er sich mit der zu hohen Arbeitsbelastung herumplagte. Diese Situation kommt häufiger vor: Ein Kind ist mit goldenen Ketten an seine Eltern gebunden und gerät dadurch in die Klemme. Diese Situation ist mit der Angst vor Bekannten und mit Scham verwoben. Augenscheinlich handelt es sich um Angst, aber unter der Angst liegen Zorn und Wut.

Wie geht man mit großen Ängsten um?

● Teilen Sie Ihrem Hausarzt mit, dass Sie Angst haben. Dass Sie denken, jedermann weise Sie ab. Oder dass Sie befürchten, Ihre Lage sei aussichtslos. Erzählen Sie, wie die Angst sich anfühlt. Dass Ihnen der Schweiß ausbricht, dass Ihr Herz schneller schlägt, dass Sie einen trockenen Gaumen bekommen und dass Sie anfangen, ganz schnell zu atmen. Fragen Sie ihn, ob er Ihnen helfen kann. Manchmal kann die Angst durch Arzneimittel gelindert werden. Das ist zwar keine langfristige Lösung, aber kurzfristig hilft es. Es verhindert, dass das Grübeln und die beängstigenden Gedanken Sie vom Schlafen abhalten. Es verhindert auch, dass Sie so verzweifelt werden, dass Sie denken, es wäre für alle das Beste, Sie würden nicht mehr leben.

● Machen Sie Entspannungsübungen (siehe Tag 2 und 22). Machen Sie diese Übungen nicht dann, wenn die Angst ihren Höhepunkt erreicht hat, sondern zu festen, regelmäßigen Zeiten, zum Beispiel morgens eine Übung, mittags noch eine und abends vor dem Schlafengehen.

Eine Turbo-Entspannungsübung

Sie sitzen auf einem Stuhl, den Rücken gegen die Lehne gedrückt, beide Füße auf dem Boden. Die Augen sanft geschlossen. Sie konzentrieren sich auf Ihre Atmung und denken an eine Situation, in der Sie sich ganz geborgen fühlten. Zu Hause oder im Wald oder am Strand. Dann strecken Sie beide Arme waagerecht nach vorne, ballen die Fäuste, kneifen sie kräftig zusammen und spüren, wie die Muskelspannung zunimmt. Halten Sie kurz die Spannung, lassen Sie dann wieder los. Atmen Sie wieder ganz ruhig und entspannt. Ziehen Sie die Schultern hoch, als ob Sie sagen wollten: Ich weiß es auch nicht. Und lassen Sie dann wieder los. Wiederholen Sie das mehrmals. Lassen Sie dann alle Spannung wegströmen und konzentrieren Sie sich auf Ihre Atmung. Atmen Sie ruhig aus und ein. Spannen Sie danach alle Gesichtsmuskeln an, indem Sie Ihr Gesicht zu einer Grimasse verziehen, ziehen Sie die Augenbrauen zusammen, kneifen Sie die Augen ganz fest zu, rümpfen Sie die Nase, drücken Sie die Zunge gegen den Gaumen, pressen Sie die Lippen aufeinander. Halten Sie die Grimasse kurz, aber entschieden fest und entspannen Sie sich dann wieder. Danach verlagern Sie Ihre Atmung Richtung Bauch. Während des Einatmens spannen Sie Ihren Bauch an, indem Sie die Bauchwand gegen den Hosen- oder Rockbund drücken. Atmen Sie ruhig weiter, während Sie den Bauch eine halbe Minute lang anspannen, und lassen Sie die Spannung dann wieder ganz los. Völlig entspannt. Dann ziehen Sie den Bauch ganz fest ein, atmen weiter und lösen dann die Spannung wieder. Konzentrieren Sie sich auf Ihr Gesäß. Sie pressen es ganz fest zusammen, halten kurz die Spannung und lassen dann wieder los. Strecken Sie beide Beine nach vorne, ziehen Sie die Zehen zu sich hin. Sie spüren, wie die Spannung entlang der Waden und der Oberschenkeln zunimmt, und lassen dann wieder los. Tief entspannen. Sie beenden die Entspannungsübung, indem Sie sich auf Ihre Atmung konzentrieren. Wenn Sie von lästigen Gedanken gestört werden, stellen Sie sich vor, die Gedanken seien bunte Luftballons. Sie schicken sie einen nach dem anderen in die Luft. Sie sehen ihnen nach, bis sie nicht mehr zu erkennen sind, und konzentrieren sich dann wieder auf Ihre Atmung. Wenn Sie die Übung beenden wollen, zählen Sie rückwärts von fünf bis eins und sagen zu sich, dass Sie erfrischt erwachen.

- Lenken Sie sich ab, indem Sie Dinge unternehmen. Treiben Sie Sport, gehen Sie ins Training, rufen Sie jemanden an, dem Sie vertrauen. Gehen Sie ins Kino. Vermeiden Sie, viel Zeit mit einsamen Grübeleien zu verbringen.
- Konzentrieren Sie sich auf diejenigen Dinge, die Sie genießen. Lesen Sie, welche Energiespender Sie bei Tag 3 aufgeschrieben haben, und verlängern Sie die Liste mit weiteren Dingen, die Ihnen gefallen.
- Auf keinen Fall sollten Sie Situationen vermeiden, in denen Sie merken, dass in Ihnen die Angst aufsteigt. Versuchen Sie, diese Situationen Schritt für Schritt zu üben – mit Hilfe kleiner Entspannungsübungen. Lassen Sie es mit der Angst nicht so weit kommen, dass Sie das Haus nicht mehr verlassen können. Wenn Sie ihr nachgeben, bringen Sie sich um viel Lebensfreude. Nehmen Sie die Herausforderung immer wieder aufs Neue an! Stellen Sie jedesmal wieder eine Rationale Selbstanalyse (RSA) zu der mit Angst verbundenen Situation auf. Tun Sie das, sowohl bevor Sie sich der beängstigenden Situation stellen, als auch danach. Wir bleiben bei dem Beispiel von Richard Geiger:

Situation

Montagnachmittag um drei Uhr habe ich einen Termin bei der Beratungsstelle.

Irrationaler Gedanke

Garantiert begegne ich einem der Kunden aus dem Geschäft meiner Eltern. Der denkt dann natürlich, dass ich verrückt bin.

Unerwünschtes Gefühl

Angst und Panik.

Hinterfragen des irrationalen Gedankens

1. Woher weiß ich, was andere denken? Vielleicht haben sie auch einen Termin bei der Beratungsstelle. Schließlich leiden 27 Prozent der Menschen unter Stress-Problematiken. Jährlich wird bei 2,7 von 100 Arbeitnehmern eine psychische Erkrankung festgestellt. Ich bin also nicht der einzige.

2. Erreiche ich mein Ziel, mich gut, ruhig und gelassen zu fühlen, indem ich so irrational denke? Nein, ich quäle und ängstige mich nur damit. Was nützt mir das schon? Genauso gut könnte ich damit aufhören und etwas Nettes tun. Mich zum Beispiel mit einem Freund zu einem Kinobesuch verabreden.

3. Bringe ich mich dadurch, dass ich so denke, in einen unnötigen Konflikt mit mir selbst? Ja, sehr sogar. Dadurch, dass ich mir selbst Angst mache, geht es mir nicht besser. Durch diesen inneren Konflikt lenke ich meine Aggression vor allem auf mich selbst, anstatt sie gegen diese dummen Kunden zu richten, die mir die Arbeit so schwer machen. Ich sollte lieber meine Energie dazu benutzen, wirksam für mich selbst einzutreten; auch meinen Eltern gegenüber.

4. Bringe ich mich dadurch, dass ich so irrational denke in einen unnötigen Konflikt mit jemand anderem? Wenn ich so ängstlich

bin, gehe ich notwendigen Konflikten aus dem Weg. Lieber mache ich mich selbst ganz krank, als dass ich meine Eltern auf ihre Verantwortung für meine Arbeitsbedingungen anspreche. Sinnvoller ist es, dass ich mich zu einem Gespräch mit ihnen verabrede, und ihnen dann sage, es komme jetzt wirklich darauf an, dass sich etwas ändert. Falls sich doch nichts ändern sollte, ist es besser, dass ich mir eine andere Arbeitsstelle suche, wo bessere Arbeitsbedingungen herrschen.

Erwünschtes Gefühl

Selbstbeherrschung; und ein bisschen Wut auf die Eltern und lästige Kunden.

Vorgehen

Die Eltern auf ihre Verantwortung für ihr Verhalten und die zu hohe Arbeitsbelastung ansprechen. In Zukunft Grenzen setzen und keine unmöglichen Kundenanfragen mehr bearbeiten.

Tag 13

Schamgefühle hinter sich lassen

Schuld- und Schamgefühle ähneln sich und werden manchmal verwechselt. Der Illustrator Peter Pontiac berichtet in einem Zeitungsinterview über seinen „Schuldkomplex": „Ja, ich bin damit ziemlich stark belastet. Wenn ich einem Auftraggeber eine Zeichnung schicke und dann nichts von ihm höre, bin ich jedes Mal felsenfest davon überzeugt, dass die Zeichnung nicht gut ist. Dabei ist das meistens nicht der Fall. Es gibt im Übrigen nur sehr wenige Zeichnungen von mir, neben die ich mich stolz stellen würde." In diesem Falle geht es aber gerade nicht um Schuld- sondern um Schamgefühle, die vielen nur allzu bekannt sein dürften. Wer denkt nicht an Missbilligung oder Abweisung, wenn der andere nicht reagiert? Es ist die Angst, durch das Urteil des anderen beschämt zu werden. Man hat das Gefühl, nichts wert zu sein und geht davon aus, dass der andere ebenso urteilt. Das entgegengesetzte Gefühl ist Stolz: Man hat das Gefühl, dass man viel wert ist. Soviel sogar, dass man, wie es Peter Pontiac ausdrückt, sich neben seine eigene Zeichnung stellen will.

Schuld und Scham

Man fühlt sich schuldig, wenn man eine Regel oder eine Norm übertreten hat, im moralischen oder strafrechtlichen Sinne. Man hat etwas Falsches getan. Was man getan hat, war nicht in Ordnung. Kritiken und Tadel sind berechtigt. Schuldgefühle können sich zwar günstig auswirken: Sie spornen an, das nächste Mal anders zu handeln. Schuldgefühle können aber auch nachteilig sein, zum Beispiel dann, wenn man sich das Leben mit unrealistischen Vorwürfen vergällt: „Ich bin kein guter Lebenspartner. Ich bin kein guter Mitarbeiter. Ich bin keine gute Mutter. Alles mache ich falsch. Ich kümmere mich nie genug um andere Menschen, ich nehme mir nicht genug Zeit für sie und ich unterstütze sie auch finanziell nicht genug." Das ist gegen sich selbst gerichtete Aggression. Diese Art von Schuldgefühl nützt niemandem. Prüfen Sie immer, ob Ihr Schuldgefühl berechtigt ist. Stellen Sie sich die Frage, ob Sie der gleichen Ansicht wären, wenn es sich um jemand anderen handeln würde. Angenommen, ein anderer Mensch hätte das Gleiche getan oder unterlassen wie Sie, eine Norm oder Regel verletzt: Was würden Sie ihr oder ihm raten?

Scham ist ein schmerzliches Gefühl, das von einem Mangel an Selbstachtung herrührt. Wenn man sich schämt, hält man sich für einen schlechten Menschen. Kinder werden leider oft dazu aufgefordert sich zu schämen: „Schämst du dich denn nicht?" Wenn sie mit schmutziger Kleidung heimkommen, einen Becher Milch umkippen, ihre jüngere Schwester mit Legosteinen bewerfen. Eltern unterscheiden nur selten zwischen bösen Kindern und bösen Taten. So identifizieren sich Kinder mit ihrem ungezogenen Verhalten und fangen an, sich als ein Kind wahrzunehmen, das nichts taugt. Manche Kinder waren einem Höchstmaß an schamvollen Erlebnissen ausgesetzt. Sexuelle Gewalt kann zum Beispiel zu einem ständigen Gefühl – oft unbewusster – innerlicher Scham führen und dazu, dass man erwartet, von außen beschämt zu werden. Manchmal führt das zu der Wahnvorstellung, man werde ständig beobachtet.

Scham kommt bei allen Menschen vor und verursacht beinahe immer schmerzliche Gefühle. Am Beispiel Peter Pontiacs können wir sehen, dass bei Scham zwei Parteien eine Rolle spielen: Das „Ich", das nichts taugt, und die ablehnende Partei, die ein Abbild des „guten" Elternteils der Kindheit ist. Dieser „gute" Elternteil, der ablehnt, ist bei Peter Pontiac der Auftraggeber. Das unzureichende Selbst ist Peter, der die Zeichnung weggeschickt hat und wegen der fehlenden Reaktion des Auftraggebers denkt: „Siehst du, ich tauge nichts." So ein Gedankengang ist ein bekannter Fallstrick. Sie fühlen sich wie hinweggefegt. Sie sehen sich in Ihrer Vermutung bestätigt, dass Sie derjenige sind, der missraten ist. Der andere – früher waren das die Eltern – ist immer der Gute. Ihre Eltern sind Ihr Vorbild. Sie idealisieren dieses Andere und schreiben ihm viel Macht zu.

Scham wird oft dadurch abgewehrt, dass man wütend wird. Viele Menschen, die schnell das Gefühl haben, gedemütigt zu werden, hören beispielsweise nicht einmal mehr, welche Kränkung oder Beleidigung jemand ausspricht, sondern reagieren beim ersten Satz mit Wut: einer Wut, die der Scham entspringt.

Es ist schädlich, Scham zu vermeiden

Herr Pontiac erzählt, dass er es früher nicht wagte, irgendetwas aus seinen Zeichnungen wegzulassen, da er sich vor der Leere fürchtete. Hinzu kommt das tiefe Gewahrsein seiner Verletzlichkeit und sein Mangel an Selbstvertrauen. Er gibt zu: „Ich dachte mir: Wenn ich nur genügend Zeichnungen anfertige, wird immer irgendetwas Geniales darunter sein und dann achten die Leute vielleicht nicht auf meine Fehler." Die Folge war, dass er viel Zeit für seine Zeichnungen aufwandte. Wenn man so leicht dazu neigt, sich zu schämen, muss man alles zehnmal besser machen als andere Leute. Man ist immer beschäftigt und genießt seine Erfolge kaum, da die Scham ständig auf der Lauer liegt. Man fühlt sich schon im Voraus abgelehnt, auch wenn niemand versucht hat, einen zu beleidigen oder zu kränken. Aber um zu verhindern, dass so etwas geschehen kann, muss man schnell das nächste Projekt beginnen und noch mehr leisten als beim vorhergehenden. So reibt man sich auf. Auch weil man ständig damit beschäftigt ist, den anderen zu zeigen, dass man etwas leistet. Das innere Selbst schrumpft durch Unterernährung zusammen. Und eines Tages ist es aufgezehrt. Dann erscheint einem alles, was man tut, sinnlos und man glaubt nicht mehr, dass das, was man tut, irgendetwas ausmacht. Man ist für sich selbst und für andere gefährlich geworden, weil sich im Inneren eine erbarmungslose Wut verbirgt. Die Wut eines Kindes, das immer zu kurz gekommen ist.

Milde gegen sich selbst

Im April 1944 wurde Loden Vogel, ein Pseudonym für den Psychiater Louis Tas, nach Bergen-Belsen deportiert, wo er zusammen mit seinen Eltern bis Ende des Krieges gefangen gehalten wurde. Er führte ein Tagebuch, in dem er zwischen Gefühlen der Schuld und der Scham unterscheidet. Schuldig fühlte er sich zum Beispiel, wenn er das Brot annahm, das ihm seine Mutter gab, die selbst zu wenig zu essen hatte, oder wenn er prahlerisch über sich redete. Sein Verhalten widersprach den eigenen Normen und Wertvorstellungen. Eine wichtige Einsicht über die Scham gewann er, als sein Vater und er sich fragten, warum die deutschen Juden, die 1938 aus den Konzentrationslagern in die Niederlande geflohen waren, bei ihrer Ankunft über ihre Erlebnisse schwiegen. Der welterfahrene Onkel Hans sagt: „Sie schämen sich, weil sie so schlecht behandelt wurden." Loden Vogel fährt fort: „Das Bewusstsein, zu einer Gruppe zu gehören, die ungestraft erniedrigt und misshandelt werden konnte, war natürlich beschämend." Herrn Vogel zufolge besteht das Sich-Schämen gerade darin, dass man sich – entgegen dem eigenen Gefühl und gegen besseres Wissen – mit demjenigen identifiziert, der einen verachtet und erniedrigt. Den Hass, den diese Lage erzeugt, richtet man so gegen sich selbst. Der Psychiater Louis Tas – alias Loden Vogel – stellt fest, dass derjenige, der sich schämt, die Empathie (Einfühlungsvermögen) sich selbst gegenüber verloren hat. Um diese Empathie wiederzuerlangen, muss man die Angst, dass andere einen verachten oder verstoßen werden, überwinden. Empathie sich selbst gegenüber heißt, Mitgefühl für sich selbst

und Verständnis für das verachtete Ich im Inneren wieder zu erlernen. Dies gleicht dem Prozess, wieder Vertrauen in die eigene
Intuition zu gewinnen (Tag 8).

Sei gut zu dir

Gut für sich selbst zu sorgen ist eine Art Empathie, eine besondere
Verbundenheit mit sich. Man braucht sich nicht unbedingt zu ver-
wöhnen, es kommt aber darauf an, eigene Bedürfnisse und Sehnsüchte ernst zu nehmen. Wenn man das tut, wird oft viel Schmerz
frei. Man trauert um den erfahrenen Mangel an Wärme, Sicherheit
und Geborgenheit. Man trauert um den Kummer des kleinen Kindes in sich. Nehmen Sie sich Zeit dafür und geben Sie Ihren Gefühlen Raum. Manche brauchen buchstäblich Wärme und finden sie
in einem wohligen, warmen Bad. Verurteilen Sie sich nicht wegen
dieser Bedürfnisse. Versuchen Sie im Alltagsleben und im Beruf zu
relativieren. Sie brauchen nicht der vollkommene Arbeitnehmer zu
sein, damit die anderen Sie akzeptieren. Wenn Sie Kritik erhalten,
sind Sie nicht augenblicklich der allerschlechteste Kollege der
Welt. Versuchen Sie, sich als Mensch aus Fleisch und Blut zu betrachten, mit guten und weniger starken Seiten. Machen Sie jedes
Mal, wenn Sie sich gekränkt und abgewiesen fühlen, eine Rationale Selbst-Analyse.

Tag 14

Weg mit den Versagensängsten!

„Wenn es nur gelingt! Wenn es nur nicht schief geht!" Viele Menschen leiden unter der Angst zu versagen: „Es *muss* gelingen ...!" Versagensangst wird von körperlichen Reaktionen begleitet, etwa einem hämmernden Herzen, trockenem Mund, einer zugeschnürten Kehle, einer triefenden Nase, zitternden Händen, roten Flecken im Gesicht, Harndrang und Schwitzen. Beinahe alle, die einmal eine Rede halten mussten, kennen das. Schauspieler und Musiker leiden oft vor dem Auftreten unter Lampenfieber. Meist verschwindet die Angst, sobald sie auf der Bühne stehen, oder kurz vorher, etwa, wenn sie geschminkt sind.

Ein wenig Versagensangst gehört dazu – sie sorgt sogar für gute Leistung. Man ist hellwach. In diesem Zustand strengt man sich besonders an. Man braucht Adrenalin, das Stresshormon, um etwas leisten zu können, es hilft, sich gut zu konzentrieren, es schärft die Sinne. Meistens verschwinden die körperlichen Reaktionen, wenn man in dem aufgeht, das man gerade tut (*Flow*).

Versagensangst ist die Angst vor einer negativen Beurteilung durch andere. Wird die Anspannung zu groß, kann die Leistungsfähigkeit eingeschränkt werden. Es ist auch möglich, dass die erbrachte Leistung zwar gut ist, man sich aber hinterher leer und erschöpft fühlt, völlig abgekämpft. Es kostet viel zuviel, eine Rede zu halten. Manche können es vermeiden, Reden halten zu müssen, bei anderen gehört es jedoch zum Beruf – und jedes Mal ist es von neuem eine Qual; sie grauen sich wochenlang davor.

Manchmal ist die Angst zu versagen schädlich. Der Schauspieler Guus Hermus wurde während der Aufführung eines Theaterstücks von Angst ergriffen und war wie gelähmt. Er konnte kein

Wort mehr hervorbringen, keinen Schritt mehr tun. Der Vorhang
fiel mitten in der Vorstellung. Dieses Erlebnis war für ihn der Anlass, mit der Schauspielerei aufzuhören.

Richtung Burnout-Syndrom

Durch die Angst zu versagen werden Hormone wie Noradrenalin
und Serotonin erzeugt. Manche Menschen, die unter dieser Angst
leiden, schwören daher auf Betablocker, die erwiesenermaßen
Angstgefühle von Musikern verringern (*The Lancet, 1977*). Es
stimmt, dass Betablocker den Herzschlag beruhigen und Zittern
vermindern. Aber noch ist ungeklärt, ob sie nicht auch auf das Gehirn einwirken.

Die Angst vor dem Versagen kann auf Dauer zu einem Burnout-
Syndrom führen. Angenommen, Sie haben gerade Ihre Ausbildung
beendet und treten Ihre erste Stelle an. Sie werden nicht richtig eingearbeitet. Sie wissen noch nicht so genau, was Sie können und was
von Ihnen erwartet wird. In dieser Anfangsphase werden Sie von Ihrer Firma an den Betrieb eines Kunden delegiert. Mit der Abordnung
verdient Ihre Firma viel Geld durch Sie. Wenn Sie bisher noch keine
Angst hatten, zu versagen, ist es ziemlich wahrscheinlich, dass Sie
sie jetzt doch noch bekommen. Die Unsicherheit dieser beruflichen
Situation ist auf jeden Fall sehr kräftezehrend. Tagaus, tagein greifen
Sie Ihre Energiereserven an, weil Sie nicht wissen, wo Ihre Grenzen
liegen. Das Risiko, ein Burnout-Syndrom zu bekommen, ist nach einer gewissen Zeit sehr groß. Sie fragen sich, ob Sie Ihrem Beruf gewachsen sind: „Bin ich unfähig oder bin ich ausgebrannt?"

Kognitive Therapie

Der Angst vor dem Versagen kann man unter anderem mit Kogni-
tiver Therapie entgegen wirken. Mit ihrer Hilfe lernt man, seine
Aufmerksamkeit bewusst von der Spannung abzuwenden und sie

auf andere Dinge zu lenken. Zusammen mit dem Therapeuten untersucht man Schritt für Schritt, mit welchen Gedanken diese übergroße Spannung aufgebaut wurde. So kann man auch entdecken, an welchen Punkten man ansetzen kann. Mit der Kognitiven Therapie lernt man auch, Ängste zu relativieren, indem man sich immer wieder die Frage stellt: „Wovor fürchte ich mich eigentlich?"

So erlebt zum Beispiel ein Schauspieler sein Publikum nicht mehr als ein sechshundertköpfiges Monster, sondern als sechshundert Individuen. Jeden Abend wählt er eine Textstelle aus, die er noch besser vortragen will. Ein Redner, der mit schlotternden Knien vor dem Mikrofon steht, benutzt Aggression, um seiner Angst Herr zu werden. Er sagt sich: „Ihr könnt mich alle mal! Ich bin derjenige, der hier das Mikro in der Hand hält, und ihr müsst mir alle zuhören." Eine übernervöse Doktorandin, die ihre Dissertation verteidigen muss, stellt sich in allen Einzelheiten ein Erlebnis vor, bei dem sie sich ganz stark und selbstsicher gefühlt hat: Sie sitzt auf einem galoppierenden Pferd und hält die Zügel fest in der Hand!

Schritte gegen die Angst vor dem Versagen

● Machen Sie eine Rationale Selbstanalyse der Situation, in der die Versagensangst auftritt (Tag 7). Was ist das Schlimmste, das passieren könnte? Dass Sie ohnmächtig werden, wie gelähmt sind oder sich versprechen – und dass Sie ausgelacht werden? Dass Sie Ihren Text vergessen? Dass Menschen sehen können, wie Sie unter Stress stehen, wie Ihnen der Schweiß auf der Stirn steht und die Knie zittern? Was denken Sie über andere, denen das Gleiche geschieht? Würden Sie sie auslachen oder würden Sie mit ihnen fühlen? Was halten Sie von jemandem, der einen aufgeregten Redner lächerlich macht oder ausbuht? Stellen Sie sich vor, Ihnen geschähe das Schlimmste, was dann? Sterben Sie daran? Nein. Es kann vorkommen, dass Sie sich als Redner furchtbar blamieren, aber deshalb sind Sie noch lange kein Versager.

Bedenken Sie, dass Menschen oft Bewunderung für Ihre Leistung haben werden, wenn sie merken, dass Sie trotz Ihrer Angst ein gutes Ergebnis erzielen. Das soll Ihnen erst einmal jemand nachmachen! Sie leisten mehr als jemand, der nicht aufgeregt ist.

- Machen Sie jeden Tag Entspannungsübungen. Eine kurze Entspannungsübung finden Sie bei Tag 2.

- Stottern Sie manchmal? Karl Müritz litt sehr unter dem Stottern. Er ließ sich Folgendes dazu einfallen: Ihm brach der Schweiß immer dann aus, wenn er im Fernsehen eine Werbung sah, in der ein Kind stotterte. Sobald er diese Werbung sah, bekam er ein beklommenes Gefühl. Er schlüpfte gleichsam in die Haut des Kindes. Als Therapie nahm er den Werbefilm auf. Bevor er ihn ansah, machte er eine Entspannungsübung. Während er sich den Film anschaute, dachte er: „Ich bin lächerlich." Er ließ zu, dass sich die Spannung aufbaute, und versuchte dann, sich noch tiefer zu entspannen. Um diese Entspannung zu erreichen, sagte er zu sich: „Toll, dass sich dieser Bub das traut." Und danach: „Toll, dass ich trotz meines Stotterns mit meinen Kollegen und meinen Kunden rede." Er beendete diese Übung mit einer Entspannungsübung, bei der er zu sich sagte: „Ich akzeptiere mich voll und ganz. Auch wenn ich stottere, bin ich in Ordnung."

- Die oben genannte Übung können Sie auch in Ihrer Fantasie ausführen. Stellen Sie sich etwas ganz Furchtbares vor: Sie halten einen Vortrag und haben die Folien dafür vergessen – und damit das Grundgerüst Ihres Vortragstextes! Sie fürchten, betreten dazustehen. Lassen Sie eine solche Situation wie einen Videofilm in Ihrem Kopf ablaufen und denken Sie dabei einen stereotypen, negativen Gedanken. Zum Beispiel: „Das passiert *mir* natürlich wieder. Ich habe auch immer Pech." Dann wiederholen Sie den Film in Ihrem Kopf und sagen zu sich: „Es ist doch toll, dass ich da stehe, ich bin ein Experte und habe ziemlich viel zu bieten. Ich akzeptiere mich so, wie ich bin, auch wenn dieser Vortrag nicht perfekt läuft."

Tag 15

Hundert Prozent ist genug!

Sigmund, Psychiater und Held des gleichnamigen Comics, Meister boshafter, aber durchaus treffender Bemerkungen, erhält in einem der Cartoons eine besondere und einprägsame Antwort. Eine Frau mit einer großen Umhängetasche erzählt Sigmund: „Ich habe fünf Kinder, einen großen Haushalt, arbeite ganztags und schaffe das prima." – „Wie machen Sie das nur?" fragt Sigmund. Die Frau antwortet: „Ich bin schlampig."

Ein gewisser Schlendrian im Erledigen eigener Aufgaben ist ein gutes Heilmittel gegen all die hohen Anforderungen, die man an sich selbst stellt. Sind Sie allergisch gegen eine solche Haltung? Fragen Sie sich, warum das so ist. Es ist nämlich sehr vernünftig, zu relativieren und sich zu fragen, ob es wirklich so eine große Katastrophe ist, wenn der Schreibtisch unordentlich oder die Wohnung nicht aufgeräumt ist. Finden Sie, dass Sie sich völlig gehen lassen, wenn Sie sich ein bisschen weniger Mühe geben? Versetzen Sie sich einmal in jemand anderen und beurteilen Sie von dessen Warte aus, wie Sie sich um sich selbst und Ihre Umgebung kümmern: Fände er auch, dass Sie sich gehen lassen? Macht man Ihnen Vorwürfe? Wenn ja, von wem kommen sie? Liegt demjenigen vielleicht etwas daran, dass Sie sich verausgaben? Halten Sie Ihre beste Freundin oder Ihr bester Freund für schlampig, wenn sie oder er einmal nicht aufgeräumt hat? Vielleicht raten Sie anderen sogar, was Sie sich selbst nicht gönnen.

Perfektionismus: Vorsicht Falle!

Vor mehr als 25 Jahren beschrieb der amerikanische Psychiater Freudenberger das Persönlichkeitsprofil von Menschen, deren Burn-out-Risiko besonders groß ist. Freudenberger zufolge haben sie die folgenden Eigenschaften und Gewohnheiten:

- perfektionistisch
- pflichtbewusst
- hart arbeitend
- engagiert und idealistisch
- ehrgeizig
- haben das Bedürfnis, sich selbst zu beweisen
- zielstrebig
- können nichts abschlagen
- können keine Grenzen setzen
- tun mehr, als sie können
- tun mehr, als sie müssen
- können nicht delegieren
- aufopferungsvoll

Je höher die Anforderungen an sich selbst, desto mehr Stress

Stefan Bach, Manager im Vertrieb, war ausgebrannt und befindet sich nun auf dem Weg der Erholung. Eines Sonntagabends sitzt er auf dem Sofa und sieht fern. Am Esstisch daneben sitzt seine Frau und näht an einem Kleidchen für ihre zweijährige Tochter. Er sieht das und fühlt sich im Defizit. Eigentlich sollte er auch etwas tun, findet er. Seine Beschäftigung ist nutzlos verglichen mit der seiner Frau.

Er will selbst auch etwas tun und beschließt, Fotos, die er seinen Freunden schenken will, einzurahmen. Er holt alles, was er dafür braucht. Plötzlich stellt sich heraus, dass er die Fotos in der falschen Größe hat entwickeln lassen; sie passen nicht in das Passepartout. Stefan Bach ärgert sich schrecklich: Jetzt kann er nicht mehr weitermachen, sondern muss erst die alten Negative suchen, wieder ins Fotogeschäft gehen, um neue Abzüge zu bestellen. Das bedeutet wieder eine Woche Warten. Er findet, dass er das selbst erledigen muss, schließlich hat er es falsch bestellt. Neidisch betrachtet er seine perfekte Frau, die immer so viel tut. Sie hat die Energie, die ihm fehlt. Er ist noch müde vom Training auf dem Rennrad. Er ist heute morgen 60 Kilometer geradelt. Seinem Ziel, an einem Tag um das Ijsselmeer zu radeln, ist er auf jeden Fall wieder ein Stück näher gekommen. Aber warum kann er sich jetzt nicht dazu aufraffen, die Negative zu suchen? „Was ist nur mit mir los?" grübelt er. Seine Frau hält das Kleidchen hoch: „Schön, nicht wahr?"

„Toll hast du das wieder gemacht", sagt er zynisch. Seine Frau schaut ihn an: „Ist etwas nicht in Ordnung?"

Stefan Bach steht sich selbst im Weg. Nicht das fehlende Verständnis seiner Umgebung ist die Ursache für sein Burnout-Syndrom, sondern das eigene Unverständnis für sich selbst. Er ist wütend auf sich, weil er es immer wieder verschiebt, die Negative zu suchen. Er schimpft auf sich selbst: „Was für ein Schlappschwanz." Er macht es noch schlimmer, indem er den jetzigen Vorfall mit seiner Jugend verknüpft: „Siehst du, es ist genauso wie damals. Die Schule habe ich abgebrochen und musste den Schulabschluss dann auf dem zweiten Bildungsweg nachholen." Dass sein zweiter Versuch durchaus erfolgreich war, zählt jetzt nicht für ihn.

Die Folge dieser Selbstvorwürfe ist, dass er sich um einen ruhigen Sonntagabend gebracht hat. Seine Frau und er gehen voller Spannung zu Bett und wachen am nächsten Morgen unausgeruht auf. Die Stresshormone sind nachts nicht wirklich weniger geworden. Als er aufsteht, hat er Herzklopfen und denkt: „Ich bin noch lange nicht in Ordnung. Vielleicht werde ich nie mehr gesund … … "

Das Denken mit RET analysieren

Stefan Bachs Lage ist ein Paradebeispiel, wie man die Rational-Emotive Therapie (RET) von Tag 7 einsetzen kann. Wie wendet man dieses Verfahren in diesem Falle an?

Zuerst schreiben Sie die Situation auf:
Ich sitze auf dem Sofa und finde, dass ich etwas tun sollte. (A).

Dann schreiben Sie dazu, welches Gefühl Sie in diesem Augenblick mit der Situation verbinden (C): *Ich bin wütend, denn ich habe überhaupt keine Lust dazu.* Danach schreiben Sie die Gedanken auf, die dieses Gefühl – in diesem Falle Wut – hervorbringen: *Ich bin müde, ich habe zu nichts Lust, ich will gar nichts tun.* Und auch die Gedanken, die sich dem widersetzen: *Ich muss genauso vollkommen wie meine Frau sein ... Was für ein Schlappschwanz bin ich ... Nie tue ich etwas ... Was soll meine Frau nur von mir denken?*

Dies ergibt einen ordentlichen, innerlichen Streit. Merken Sie wie ermüdend das ist?

Die Kunst besteht darin, diese wie automatisch auftretenden Gedanken zu hinterfragen. Das erreichen Sie, indem Sie untersuchen, welches Gefühl Sie gerne hätten. Wie würden Sie sich am liebsten fühlen? (E).

Wollen Sie schlecht gelaunt auf dem Sofa sitzen? Oder sich noch schlechter gelaunt um die Fotos kümmern?

Natürlich nicht. Ich will mich wohl und entspannt fühlen.

Die Voraussetzung dafür ist, dass Sie Ihre Gedanken sehr sorgfältig überprüfen (D):

Geht es nur so und nicht anders? Muss ich genauso perfekt wie meine Frau sein?

Vielleicht stellen Sie auch zu hohe Ansprüche an sich und es wäre besser, wenn Sie ein bisschen mehr faulenzen würden.

Den nächsten Gedanken hinterfragen Sie, indem Sie sich die Frage stellen: *Bin ich ein Schlappschwanz, nur weil ich keine Lust habe, diese Negative zu suchen?*

Sie geben sich selbst die Antwort:

Nein, natürlich nicht! Es ist Quatsch, mich selbst so zu verurteilen, weil ich mal ein bisschen abschalten und einfach nur so auf dem Sofa sitzen will. Die Negative kann ich auch morgen suchen.

Damit haben Sie die Situation eigentlich schon genug hinterfragt.

Benutzen Sie die festgelegte Reihenfolge des ABCDE-Modells (siehe Tag 7), um Ihre Gedanken zu entwirren. So entdecken Sie den Teufelskreis des negativen Denkens – und können sich aus ihm befreien.

Falls Sie mit Hilfe der oben erwähnten Fragen nicht weiterkommen, versuchen Sie es mit den folgenden:

- Erreiche ich so mein Ziel, zum Beispiel mich wohl oder entspannt zu fühlen?
- Komme ich mir selbst nicht unnötigerweise in die Quere?
- Oder gerate ich mit jemand anderem in einen unnötigen Konflikt?

Schließlich fand Stefan Bach die Negative am nächsten Tag ganz schnell. Das wäre ihm wahrscheinlich nicht gelungen, als er noch so müde war. Wenn man weitermacht, obwohl man schon müde ist, unterlaufen einem viel mehr Fehler.

Anforderungen anpassen

Machen Sie jeden Tag 25 Prozent weniger, als Sie sich vorgenommen haben. Benutzen Sie die Zeit, die Sie so gewinnen, um mehr Dinge zu tun, die auf Ihrer Liste der fünfzig angenehmen Beschäftigungen stehen (Tag 2 und 3).

Tag 16

Das eigene Opfer

Sylvie Schmitt (29) nimmt, nachdem sie längere Zeit wegen eines Burnout-Syndroms krankgeschrieben war, ihre Arbeit als PR-Managerin wieder auf. Es wird vereinbart, dass sie die Arbeit langsam aufbaut. Sie fängt mit zweimal die Woche zwei Stunden Arbeit an. Nach ein paar Wochen bricht sie wieder zusammen. Sie sagt, dass sie durchaus arbeiten wolle, aber dass ihr Körper das nicht zulasse. Es stellt sich heraus, dass sie sich viel zu viel abverlangt hat. Sie hat länger gearbeitet, als vereinbart war, außerdem hat sie an zu belastenden Meetings teilgenommen.

Sie war immerhin ein halbes Jahr krank! Von Anfang an fiel es ihr schwer, die Krankheit zu akzeptieren. Immer wieder zeigte sie, dass sie nicht über die Runden kam. Wenn sie sich etwas zu viel um ihre Mutter gekümmert hatte, bekam sie Bronchitis. Nachdem sie einer Freundin beim Umzug geholfen hatte, musste sie ein paar Tage das Bett hüten. Sie erzählte, wie schlecht es ihr gehe, und gleichzeitig wollte sie um jeden Preis wieder arbeiten. Der Vertrauensarzt fand das keine gute Idee: Erst sollte sie sich richtig erholen. Sylvie Schmitt protestierte, während sie gleichzeitig erleichtert und froh war, dass sie noch nicht arbeiten musste. Die Genesung schritt nicht voran, weil sie entweder zuviel oder zu wenig von sich forderte.

Krankheiten suchen

Zwei grundlegende Tatsachen missachtet Sylvie Schmitt: Zum einen müsste sie ihre Beanspruchung langsam steigern und zum anderen Verantwortung für ihre Gesundheit übernehmen. Sylvie

Schmitt wusste die Sache jedes Mal so hinzustellen, dass ihre Umgebung verantwortlich war und sie in ihrer Opferrolle bleiben konnte. Immer, wenn sie sich schonen sollte, machte sie zu viel und musste dann jedes Mal wieder von vorne anfangen.

Letztendlich schadete sie sich selbst am meisten – zu guter Letzt wollte der Vertrauensarzt sie nicht mehr gesundschreiben und riet ihr zu einer Einweisung in eine psychiatrische Klinik, um dort einen besseren Zugang zu ihren Gefühlen zu bekommen. An und für sich war die Diagnose richtig, aber eine Einweisung ist dennoch eine sehr einschneidende Maßnahme. Sylvie Schmitt wusste sich keinen Rat mehr und grübelte immer mehr darüber nach, was ihr bloß fehlte. Handelte es sich wirklich um ein Burnout-Syndrom? Oder ging es nicht doch um eine andere Krankheit. Vielleicht das chronische Erschöpfungssyndrom? Eine Virusinfektion? Mangel an Aufbaustoffen? Eine Pilzinfektion? Noch immer akzeptierte sie mit ihrem Verhalten ihr Kranksein nicht, sondern hielt an ihrer Opferrolle und ihrer Ohnmacht fest. Ihren Körper brachte sie wie einen kaputten Wecker zu Ärzten und Heilpraktikern und flehte sie an, ihn zu reparieren. Sie besuchte einen Auraberater und einen Wahrsager und wurde immer verzweifelter, weil ihr niemand helfen konnte. Ihre Macht bestand darin, dass sie ihre Helfer ohnmächtig machte. Sie war eine derart schwierige Patientin, niemand konnte ihr helfen.

Verhaltensweisen werden immer dadurch aufrecht erhalten, dass sie belohnt werden. Was war in ihrem Falle die Belohnung? Auf den ersten Blick macht es den Anschein, als gebe es keine: Sie fühlte sich elend, was für sie sehr unangenehm war. Kurzfristig hatte ihr Verhalten viele negative Konsequenzen. Aber längerfristig brachte es ihr auch Vorteile. Sie war der Verantwortung für ihr Leben enthoben und vom Stress ihrer Arbeit befreit. Sie wollte ja durchaus arbeiten, nur ließ ihr Körper das nicht zu.

Seien Sie kein Opfer

Wie kann man verhindern, dass man in die Opferrolle gerät und viel Mitleid mit sich selbst bekommt?

● Der erste Schritt ist, genau herauszufinden, was mit Ihnen los ist: Was fehlt Ihnen? Entziehen Sie sich nicht der Verantwortung. Bestehen Sie darauf, dass Sie eine klare Diagnose bekommen und dass andere, körperliche Krankheitsursachen wirklich ausgeschlossen werden – manchmal wird nämlich zu schnell behauptet, es handle sich um ein Burnout-Syndrom. Und dann stellt sich heraus, dass es „einfach nur" das Pfeiffersche Drüsenfieber ist, mit dem Sie sich angesteckt haben, als Sie mit jemand anderem aus einer Getränkedose getrunken haben. Wenn Sie selbst sagen, Ihre Arbeitsbelastung sei sehr hoch, wird oft zu schnell an Burnout gedacht. Das geschah einer Frau, die zum Arzt ging, weil sie unter Husten litt. Ihr Mann war vor ein paar Monaten gestorben und davor ihre Mutter. Sie hatte eine schwere Arbeit. Stressreaktionen, meinte der Arzt und riet, ein paar Wochen daheim zu bleiben. Am nächsten Tag war sie tot. Lungenembolie. Sie hatte einen Blutpfropf im Bein gehabt. Sie hatte dem Arzt nicht erzählt, dass sie Schmerzen in den Beinen hatte und er hatte nicht weiter gefragt. Erwähnen Sie deshalb alle (tatsächlich vorhandenen) Beschwerden. Schreiben Sie alles auf einen Zettel, bevor Sie zum Arzt gehen, damit Sie im Sprechzimmer nichts vergessen.

Zu einem Burnout-Syndrom kann es auch dadurch kommen, dass eine körperliche Krankheit nicht erkannt wird. So dauerte es Jahre, bis die Ärzte bei Clara Frank entdeckten, dass sie Zöliakie hatte, eine Krankheit der Verdauungsorgane, die mit einer glutenfreien Diät verschwindet. Man bekommt bei dieser Krankheit Probleme mit dem Stuhlgang, Menstruationsbeschwerden, Haarausfall und Bauchschmerzen. Clara Frank war ständig müde. Sie besuchte einen Facharzt nach dem anderen, aber es dauerte einige Jahre, bevor die richtige Diagnose gestellt wurde. Sie hatte gut daran getan, sich nicht mit der Diagnose Stress abzufinden, sondern weiterzusuchen, bis sie die richtige Diagnose bekam!

● Den zweiten Schritt können Sie tun, wenn Ihr Haus- oder Vertrauensarzt die Diagnose Burnout-Syndrom gestellt und eine andere körperliche Krankheit, eine seelische Störung – wie depressive Verstimmung – oder eine posttraumatische Stressreaktion ausgeschlossen hat. Die Diagnose Burnout-Syndrom bekommt man, wenn man körperlich und gefühlsmäßig erschöpft ist, und sich anderen Menschen, seinem Beruf und der eigenen Person entfremdet fühlt, wenn man das Selbstvertrauen und die Kompetenz im Beruf verloren hat. Die eigene Persönlichkeit hat sich verändert: Ein fröhliches Wesen wurde zum grüblerischen. Man erkennt, sich schon eine ganze Weile zuviel abverlangt und die eigenen Grenzen missachtet zu haben. Versuchen Sie zu akzeptieren, dass Sie ausgebrannt sind, kämpfen Sie nicht dagegen an, sondern kämpfen Sie um Ihre Genesung. Stellen Sie sich ein Programm auf, teilen Sie den Tag ein in Zeitabschnitte, in denen Sie sich anstrengen *müssen* und in Zeitabschnitte, in denen Sie sich entspannen *müssen*: Erholungszeit.

● Der dritte Schritt ist, sich selbst den Auftrag zu geben, von jetzt an gut für sich zu sorgen. Denken Sie darüber nach, was dazu gehört. Welche Bedürfnisse haben Sie? Mehr private Kontakte, Besuche bei Familienmitgliedern oder Freunden, die Sie schon lange aus den Augen verloren haben. Suchen Sie sich einen Fortbildungskurs, den Sie schon immer einmal machen wollten: Schreiben, Schauspielern, Malen oder Singen.

● Der vierte Schritt besteht darin, dass Sie, wenn Sie wieder genießen können, etwas mehr Stress in Ihrem Leben zulassen. Das muss nicht gleich die Wiederaufnahme der beruflichen Arbeit sein. Sie können zum Beispiel mit Freunden essen gehen: Auch das kann recht anstrengend sein. Vergrößern Sie den Stress langsam und sorgen Sie dabei auch für positiven Stress! Etwas tun, vor dem es einem graut, aber worauf man stolz ist, wenn man es erst einmal getan hat!

● Der fünfte Schritt ist, einzugreifen, wenn man Selbstmitleid hat.

Selbstmitleid, weil man doch so gerne will, aber noch nicht soviel schafft. Weil man noch nicht soviel Energie hat. Sagen Sie
sich: „Auch wenn ich müde bin, mag ich mich." Stellen Sie sich
vor den Spiegel und wiederholen Sie diesen Satz ein paar Mal.
Sie können ihn auch auf einen Zettel schreiben und ihn auf die
Innenseite Ihres Kleiderschranks kleben.

Power-Sprüche

Besorgen Sie sich ein Mäppchen für Visiten- oder Kreditkarten.
Schreiben Sie auf kleine Kärtchen inspirierende Sprüche, die Ihnen
helfen, die Ihnen Mut machen, wenn Sie niedergeschlagen sind.
Stecken Sie die Kärtchen in das Mäppchen und tragen Sie es immer
bei sich. Lesen Sie einen der Sprüche, wenn Sie eine kurze Pause
haben, zum Bespiel, wenn Sie im Zug sitzen oder irgendwo warten müssen. Clara Franks Lieblingsspruch ist: „Wo Gefühle sich
frei entfalten können, wird aus Leere Weite." Sylvie Schmitt hat
aufgeschrieben: „Ich werde wieder gesund."

Tag 17

Löwen und Bären zähmen

Johannes Gmünder, ein 46-jähriger Pfleger in einer sozial-psychiatrischen Einrichtung, spielt mit dem Gedanken, in die Privatwirtschaft zu wechseln. Vor einem halben Jahr war er mit seinen Kräften am Ende und ließ sich krankschreiben. Burnout-Syndrom. Er hat sich inzwischen gut erholt, aber auf dem Fragebogen „Bin ich ausgebrannt?" erreichte er eine hohe Punktzahl (65 Punkte). Er muß also Maßnahmen ergreifen, um zu verhindern, dass es ihn noch einmal trifft. Eine detailliertere Analyse seiner Antworten auf dem Fragebogen lässt erkennen, dass er mit seinem Beruf sehr unzufrieden ist. Seine Arbeit langweilt ihn. Er arbeitet hart, aber er erreicht wenig und die Arbeit erscheint ihm sinnlos. Er verspürt Widerwillen für seine Arbeit und leidet unter dem Gedanken, sie wieder aufnehmen zu müssen. Seelisch und körperlich fühlt er sich pudelwohl. Er sprüht vor Tatkraft, er schläft ausgezeichnet. Zwischen ihm und seiner Frau geht es auch wieder viel besser. Aber der Weg zurück in den alten Beruf macht Probleme.

Johannes Gmünder sieht überall Hemmnisse und Stolpersteine. Er orientiert sich auf dem Arbeitsmarkt für Informatiker, denn der Computer ist sein Hobby, aber er traut sich eigentlich nicht. Er denkt, seine Einstellung sei nicht kommerziell genug und deshalb für die Privatwirtschaft nicht geeignet. Er stellt sich seine potenziellen Kollegen vor: lauter kleine Gockel, die ihn für einen Softie halten. Dann klammert er sich doch lieber an die Sicherheit seines alten Berufs wie an einen Strohhalm. Aber schon der Gedanke, an seine alte Arbeitsstelle zurückkehren zu müssen, kostet ihn enorm viel Kraft! Berge negativer Gedanken hindern ihn, die sich bietenden Möglichkeiten zu nutzen. Sie sorgen auch dafür, dass der Teil des Burnout-Syndroms aufrecht erhalten bleibt, der mit seinem Beruf zu tun hat. Er ist „situativ" arbeitsunfähig, das heißt, er ist nicht mehr in der Lage, bestimmte Berufe auszuüben. Dies führt zu einem Konflikt mit dem Vertrauensarzt, der findet, er könne sehr wohl wieder arbeiten. Zumindest zwei Stunden pro Woche.

Denkfehler, die hemmen

Ist man gestresst, passieren oft klassische Denkfehler. In der folgenden Tabelle stehen in der linken Spalte zwölf dieser Fehler, in der rechten Spalte Ideen zum Hinterfragen und hilfreiche Gedanken.

Sich auf die negativen Seiten einer Situation fixieren. Sie grübeln zum Beispiel bei einer Bewerbung über mögliche Gründe einer Ablehnung – und vergessen die positive Seite: die Chancen und die Herausforderung.	Akzeptieren Sie, dass das, was Sie tun, gut genug ist. Es muss nicht vollkommen sein. Gehen Sie der Reihe nach durch, welche vorteilhaften Eigenschaften Sie haben.
Das Positive abwerten. Sie denken, dass das, was Sie gut können, unerheblich sei. Man fordert Sie auf, sich um eine interessante Stelle zu bewerben – Sie sehen den Grund dafür darin, dass kein vernünftiger Kandidat zu finden war.	Machen Sie eine Übersicht Ihrer beruflichen Erfolge. Worauf sind Sie richtig stolz? Ihre fachliche Kompetenz, Ihre Art mit Menschen umzugehen oder andere Eigenschaften wie Durchhaltevermögen?
Alles-oder-nichts-Denken Sie sind ein einziges Mal entlassen worden und gehen jetzt davon aus, dass Ihnen das in jeder	Erkennen Sie die Nuancen und hören Sie auf, schwarzweiß zu malen. Untersuchen Sie, wie Sie die Situation beeinflussen

neuen Stelle wieder geschehen wird. Wegen dieser Angst setzen Sie sich enorm unter Druck.	können. Regen Sie sich nicht über Dinge auf, die Sie nicht ändern können!
Etikettieren Sie werten sich selbst ab, indem Sie in neuen Situationen denken: „Das kann ich ja doch nicht."	Entprogrammieren Sie sich, indem Sie sich jedes Mal fragen, warum es Ihnen nicht möglich sein sollte, neue Dinge zu lernen wie Auto fahren, Ski laufen, Tiefseetauchen, eine neue Sprache usw. Wenn ein anderer das schafft, warum sollten Sie das nicht können?
Gedankenlesen Weil Ihr Chef Sie im Flur nicht gegrüßt hat, sind Sie sich ganz sicher, dass er Ihren Bericht furchtbar schlecht findet.	Hören Sie auf, für andere zu denken. Überlegen Sie sich, wie Sie selbst handeln: Ist es Ihnen noch nie passiert, dass Sie Ihren Chef nicht gegrüßt haben, weil Sie in Gedanken versunken waren?
Die Zukunft vorhersagen Sie sind ein Mann und bekommen eine weibliche Vorgesetzte. Sie sind sich ganz sicher, dass das schief gehen wird, denn vor fünf Jahren hatten Sie schon einmal eine Vorgesetzte, mit der Sie sich nicht vertragen haben. Sie fanden sie gemein.	Genauso wie beim Alles-oder-nichts-Denken müssen Sie sich auch beim Die-Zukunft-Vohersagen Einhalt gebieten. Sie wissen überhaupt nicht, wie Ihre neue Vorgesetzte sein wird – und Sie werden mit dieser Unsicherheit leben müssen.
Aus einer Mücke einen Elefanten machen Ihr Kollege macht eine kritische	Was sind die Tatsachen? Auch wenn Sie jemand kritisiert, heißt das noch nicht, dass Sie

Bemerkung und Sie denken sofort, dass er Sie nicht mag. Zu Hause bekommen Sie einen Weinkrampf. Sie fühlen sich ausgestoßen.	ein wertloser Mensch sind und niemand Sie schätzt.
Bagatellisieren: Sie haben Schmerzen im Arm, aber Sie arbeiten trotzdem angestrengt am Computer weiter, denn das bisschen Schmerz ist doch nicht der Rede wert. Jemand macht Ihnen deswegen ein kleines Kompliment. Im Grunde fühlen Sie sich herabgewürdigt, denn es ist doch nichts Besonderes, was Sie getan haben. Alle können das doch.	Das Heilmittel sind Sie selbst. Nehmen Sie ernst, was Sie fühlen! Nehmen Sie außerdem den anderen ernst und machen Sie Komplimente anderer Menschen nicht herunter.
Situationen ausschließlich in emotionalen Begriffen beschreiben. Nur der emotionale Gehalt wird wiedergegeben. Sie erhalten zum Beispiel keine Antwort auf eine Bewerbung und fühlen sich schon abgewiesen. Sie machen ein Drama daraus. Nie geht mal etwas gut.	Beschreiben Sie die Situation, als ob sie durch eine Kamera aufgenommen wäre. Sie haben sich beworben und haben noch keine Antwort erhalten. Das ist alles.
Personalisieren Eine Verabredung hat nicht geklappt und Sie nehmen die ganze Schuld auf sich, obwohl es einfach nur ein Missver-	Machen Sie sich bewusst, was Ihr Beitrag zu einer Situation ist, ohne ihn aufzubauschen oder (bei einem Erfolg) herunterzuspielen. Falsche Beschei-

ständnis war. Sie treffen eine Entscheidung, die sich als falsch herausstellt und beschuldigen sich in aller Ausführlichkeit: Ich habe einen grauenhaften Fehler gemacht.

denheit kann für andere sehr ärgerlich sein. Das gleiche gilt für unnötige Selbstanklage. Damit erheischt man entweder Lob oder nötigt den anderen zu sagen, man habe es eigentlich doch recht gut gemacht.

Beschuldigen
Jemand anderem die Schuld an etwas geben, für das er nur teilweise verantwortlich ist. Zum Beispiel seinem Chef vorwerfen, dass er bei der Umstrukturierung der Abteilung Entlassungen nicht verhindert hat, obwohl er auch nur einen beschränkten Spielraum hatte.

Indem Sie jemand anderen beschuldigen, stellen Sie die Situation so dar, als sei der andere allmächtig und Sie selbst ohnmächtig. In gewisser Weise ähnelt das der Eltern-Kind-Beziehung. Wichtig ist, einzusehen, selbst auch Einfluss zu haben – und in jeder Situation zu untersuchen, wie groß dieser ist.

Mangelnde Frustrationstoleranz
Sie empfinden alles, um was Sie gebeten werden, als eine außerordentliche Belastung. Sie fühlen sich zu nichts mehr im Stande und fürchten zu versagen. Sie können nicht mehr. Sie denken: „Ich schaffe es so schon kaum." Sie geraten in Panik. Sie werden wütend. Es wird Ihnen schwindelig. Oder: Sie explodieren.

Ist es wahr, dass Sie zu nichts mehr im Stande sind? Worin zeigt sich das? Brechen Sie tot zusammen, wenn Sie wieder vorsichtig anfangen zu arbeiten, zum Beispiel jeden Tag eine Stunde? Machen Sie aus einer Mücke keinen Elefanten! Nehmen Sie jede Ihrer Aufgaben einzeln in Angriff und belohnen Sie sich hinterher für die Anstrengung.

Frustrationen ertragen

Natürlich gibt es im täglichen Leben genug Anlässe, frustriert zu sein. Eine Besprechung dauert länger und man kann nicht mehr einkaufen. Sie sind zu spät bei der Kindertagesstätte, abends haben Sie noch einen Termin, auf Ihrer Mailbox stehen noch drei Anrufe und die ungelesenen e-Mails sammeln sich im Computer an.

Versuchen Sie trotzdem zu vermeiden, dass auch Ihr Denken in eine Abwärtsspirale gerät. Lassen Sie sich nicht von Ihren negativen Gedanken mitreißen. Im Folgenden werden ein paar Beispiele negativer Gedanken beschrieben, die häufig vorkommen. Ertappen Sie sich selbst dabei! Und hinterfragen Sie sie dann mit der Methode des Rationalen Denkens.

- *Alle müssen mich mögen.* Im Grunde sind Sie liebessüchtig. Einerseits wollen Sie während einer Versammlung Kritik vorbringen, andererseits wollen Sie, dass alle Sie mögen. Es ist unmöglich, dass jeder Sie mag. Deshalb ist es wenig sinnvoll sich dafür so anzustrengen.

- *Ich spiele nur dann eine Rolle für andere, wenn ich alles einwandfrei erledige und keinen einzigen Fehler mache.* Um sich selbst achten zu können, müssen Sie immer alles können. Wenn Ihnen etwas nicht sofort gelingt, denken Sie sogleich, dass jemand anderes es besser kann und halten sich für einen völligen Versager. Sie denken: „Siehst du, ich kann einfach NICHTS." Diese irrationale Auffassung führt dazu, dass Sie befürchten zu versagen. Sie gönnen sich nicht genug Zeit, um sich einzuarbeiten, sondern erwarten von sich, dass Sie sofort alles fehlerfrei erledigen. Diesen Gedanken können Sie hinterfragen, indem Sie sich klarmachen, dass Sie ein Mensch mit Stärken und Schwächen sind – wie jeder andere Mensch auch.

- *Wenn andere Menschen etwas tun, das nicht richtig ist, wenn sie Fehler machen oder unehrlich sind, muss ich sie hart anpacken, denn sie taugen menschlich nicht. So denke ich auch über mich selbst. Wenn ich etwas tue, das nicht in Ordnung ist, finde ich, dass ich ein schlechter Mensch bin.* Ein Echo dieser irrationalen

Auffassung findet sich oft in Arbeitskonflikten. Sie finden, dass jemand anders nicht so sein oder handeln dürfte. Es ist natürlich nicht falsch, wenn Sie Kollegen auf ihre Fehler ansprechen, aber wenn jemand sich schlecht verhalten hat, macht ihn das noch nicht zu einem schlechten Menschen. Es ist unangemessen, von anderen zu erwarten, fehlerfrei zu sein – und darüber hinaus immer anständig und ehrlich.

- *Es ist furchtbar, wenn etwas anders läuft, als ich mir das wünsche.* Diese irrationale Auffassung kommt zum Tragen, wenn Sie sich fürchterlich über Versammlungen aufregen, die zu lange dauern, über Fristen, die nicht eingehalten werden, über Menschen, die sich nicht an ihr Wort halten. Sie denken dann vielleicht, dass immer nur Ihnen Steine in den Weg gelegt werden und beschließen, diesen „Saftladen" zu verlassen. Diese Auffassung können Sie hinterfragen, indem Sie sich klarmachen, dass es natürlich ärgerlich ist, dass es anders läuft, als Sie es gerne hätten, aber dass das noch keine Katastrophe ist. Dadurch, dass Sie sich so aufregen, ändert sich gar nichts. Damit schaden Sie nur sich selbst, denn die Stresshormone übernehmen dann das Ruder. Viele Dinge lassen sich nicht ändern. Es kostet Sie weniger Energie, dies zu akzeptieren, als dagegen anzukämpfen. Es ist sinnvoller, Ihre Energie für erreichbare Ziele aufzuwenden.

- *Kummer und Ärger dringen von außen an mich heran und ich kann das nicht beeinflussen.* Das kennt wohl jeder: Wenn der Chef schlechte Laune hat, fühlt man sich nicht wohl, aber wenn er fröhlich ist, macht die Arbeit Spaß. Sie können diese Auffassung hinterfragen, indem Sie sich sagen, dass es Ihre eigene Interpretation ist, die entscheidet, wie Sie sich fühlen. Wenn Sie zum Beispiel denken, dass Ihre Fehler Grund für die Übellaunigkeit Ihres Chefs sind, fühlen Sie sich schlecht. Beziehen Sie es nicht auf sich, sondern denken Sie: Die schlechte Laune ist *sein* Problem. Dann fühlen Sie sich viel entspannter. Es lohnt sich, wenn man damit aufhört, für andere zu denken.

- *Ich mache mir die ganze Zeit Sorgen über Ereignisse, die möglicherweise eintreten könnten.* Ja, stellen Sie sich nur vor: Das Unternehmen macht bankrott, Ihre Stelle wird zwecks Sanierung gestrichen, ein wichtiger Kunde springt ab. Sie können diese Befürchtungen hinterfragen, indem Sie sich klarmachen, dass es Ihnen nicht hilft, sich um Dinge zu sorgen, die eintreten könnten, aber noch nicht eingetreten ist. Das ist Selbstquälerei. Zu allem Überfluss verursachen Sie damit, dass Sie dann, wenn Sie handeln müssen, nicht optimal reagieren können. Sie sind dann nämlich vor lauter Panik wie gelähmt. Also hören Sie auf, sich Angst einzureden.

- *Es ist einfacher, Schwierigkeiten aus dem Weg zu gehen, als ihnen die Stirn zu bieten. Ich will mich jedenfalls immer gut fühlen und nicht leiden müssen.* Das ist Kurzzeit-Denken. Es ist richtig, dass Sie sich kurzfristig besser fühlen, wenn Sie beispielsweise ein schwieriges Gespräch am Arbeitsplatz meiden, aber langfristig ist das nicht befriedigend. Ganz im Gegenteil, schwierige Entscheidungen oder Gespräche hinauszuzögern, führt häufig zu einer Ansammlung von Problemen. Mit der Zeit wird es immer schwieriger, diese Probleme anzugehen. Probleme zu lösen tut Ihrem Selbstvertrauen gut!

- *Ich brauche jemanden, der stärker ist als ich, dem ich vertrauen kann. Andere müssen sich um mich kümmern, ich will nicht alleine dastehen.* Diese Auffassung macht Sie unnötig abhängig von der Anerkennung anderer, zum Beispiel von den Komplimenten Ihres Chefs. Natürlich ist es angenehm, anerkannt zu werden, aber es ist nicht wahr, dass Sie ohne Anerkennung nicht leben könnten. Je abhängiger Sie sind, desto mehr passen Sie sich den Wünschen anderer an. Dadurch geraten Sie mit einem anderen Wunsch – die Dinge selbst zu entscheiden – in Konflikt.

- *Meine Vergangenheit bestimmt in großem Maße mein heutiges Verhalten. Es ist unvermeidlich, dass etwas, das früher starken Einfluss auf mein Leben ausübte, dies immer noch tut.* Weil Sie in Ihrer Familie ein Außenseiter waren, werden Sie auch im Beruf nicht dazugehören. Weil Sie früher Probleme mit Vorgesetzten hatten, werden Sie sie natürlich auch in Ihrer neuen Stelle bekommen. Um diese irrationale Auffassung zu hinterfragen, können Sie sich darüber klar werden, dass Sie Ihre Vergangenheit manchmal dazu benutzen, Probleme im Hier und Heute nicht zu lösen. Dadurch bewegen Sie sich im Kreis. Sie wissen nicht einmal, ob eine andere Herangehensweise nützlich wäre. Hören Sie also auf, Ihrer Vergangenheit die Schuld zu geben. Sagen Sie sich, dass heute die Vergangenheit von morgen ist!

- *Ich muss mir immer ganz viele Sorgen um das Wohlergehen anderer machen.* Sie merken, dass es Ihnen manchmal schwer fällt, sich von den Problemen anderer loszureißen. Es beschäftigt Sie immerzu, manchmal können Sie deswegen nicht schlafen. Warum stimmt diese Auffassung nicht? Indem Sie sich sosehr mit dem Leben anderer beschäftigen, sieht es so aus, als läge es in Ihrer Macht, anderen zu helfen. Dadurch kommen Sie nicht dazu, sich um sich selbst zu kümmern. Was nützt es aber dem anderen, wenn statt eines Menschen zwei unglücklich sind? Besser wäre es, Sie würden Ihre Aufmerksamkeit auf die Lösung Ihrer eigenen Probleme lenken.

Diese zehn irrationalen Auffassungen beruhen auf Albert Ellis.

Tag 18

Lernen Sie von den Nervensägen

Sie sind im Stress, im Haushalt gibt es viel zu tun, im Beruf herrscht Termindruck. Ausgerechnet dann, wenn Sie sich ein bisschen ablenken wollen und im Netz nach Webseiten über Urlaubsreisen suchen, schaut plötzlich Ihr Chef herein: „So, so, dafür haben Sie Zeit?" Natürlich nicht, aber ab und an dürfen Sie sich doch ein bisschen entspannen! Eine Kollegin fragt Sie, ob Sie kurz mal ihre Arbeit übernehmen können. Sie muss ihre Kinder von der Kinderkrippe abholen. Das wird ja immer schöner, es ist schon das dritte Mal seit letzter Woche. Es bedeutet, dass Sie eine Viertelstunde länger bleiben müssen. Aber Sie wollen sich nicht verweigern und sagen ja. Etwas später bemerkt ein Kunde, dass Sie müde aussehen, und erkundigt sich besorgt, ob es Ihnen gut gehe. Das fehlte Ihnen gerade noch: Wenn jemand so verständnisvoll reagiert, spüren Sie, wie Ihre Lippen anfangen zu beben.

Als Arbeitnehmer kann man sich seine Kollegen nicht aussuchen. Auch seinen Chef nicht. So sehr man auch bei einer Bewerbung auf ein gutes Betriebsklima und Kollegialität achten kann, so können sich diese doch grundlegend ändern, wenn ein Kollege oder der Chef wechselt. Die beste Einstellung ist, sich zu fragen: Was kann ich von denjenigen lernen, über die ich mich so ärgere? Eine gedankliche Methode, die es einem erleichtert, mit beruflichen Ärgernissen umzugehen, ist das sogenannte System der Kernquadranten (Viertelkreise). Die Kernquadranten enthalten Ihre guten Eigenschaften, deren Verformungen (zu viel des Guten), das, was für Sie eine Herausforderung bedeutet, und dasjenige oder diejenigen, gegen die Sie allergisch sind. Es gibt keine „richtigen" oder „falschen" Quadranten, sondern nur sehr viele verschiedene, weil sich Menschen in ihren zentralen Qualitäten unterscheiden. Manche sind voller Begeisterung, unternehmungslustig, spontan und lebhaft. Manche sind engagiert, verlässlich, gründlich und gerade. Manche wiederum sind milde, humorvoll, aufmerksam und zielstrebig. Die Verformungen, die sogenannten Fallstricke sind auch sehr unterschiedlich. Manche mischen sich in alles ein, sind voreingenommen und launisch. Manche sind gleichgültig, rückgratlos und hochmütig. Manche sind scheinheilig, aggressiv und verschwenderisch.

Beschreiben Sie Ihre Kernquadranten

Wenn man von lästigen Menschen etwas lernen will, empfiehlt es sich, zuerst gründlich in den Spiegel zu schauen. Was für eine Person sind Sie selbst? Welches sind Ihre lästigen Seiten? Beschreiben Sie Ihre Kernquadranten, indem Sie sich folgende Fragen beantworten:

- Was schätzen andere Menschen an Ihnen? Das kann etwas sein, das Ihnen ganz selbstverständlich erscheint, ohne dass Sie sich anstrengen müssen. Das ist Ihre zentrale Fähigkeit.
- Was werfen Ihnen andere Menschen recht häufig vor? Das ist Ihr Fallstrick.
- Bei welcher Eigenschaft denken Sie: Ich könnte mehr davon gebrauchen? Was bewundern Sie an anderen, worauf sind Sie neidisch? Geht es dabei um eine Eigenschaft, die die ungünstigen Folgen Ihrer Fallstricke verhindern kann? Das ist Ihre Herausforderung.
- Was können Sie bei anderen absolut nicht leiden, was stört Sie maßlos? Das ist Ihre Allergie.

Fügen Sie die Quadranten zusammen. Oben links schreiben Sie Ihre zentrale Fähigkeit auf, oben rechts Ihren Fallstrick, unten rechts Ihre Herausforderung und unten links Ihre Allergie. Ihre Erfolgsachse ist die Verbindungslinie zwischen zentraler Fähigkeit und Herausforderung. Ihre Negativachse ist die Verbindungslinie zwischen Fallstrick und Allergie.

Angenommen Sie sind eine tatkräftige Person. Dann ist das Ihre zentrale Fähigkeit. Ihre Tatkraft kann aber auch dazu führen, dass Sie rechthaberisch werden. Das ist Ihr Fallstrick. Ihre Herausforderung ist Geduld und allergisch sind Sie gegen Passivität.

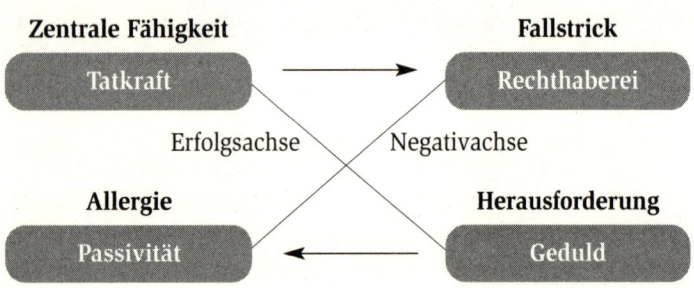

Der Kollege, mit dem Sie in Konflikt geraten, oder der Chef, den Sie nicht leiden können, entfachen Ihre Allergie. Es sind passive Menschen, die es darauf ankommen lassen. Das, was Sie an jemand anderem so stört, erkennen Sie als ihren Fallstrick. Ein Fallstrick, der gerade aus der guten Eigenschaft des anderen hervorgeht. Hier liegt der entscheidende Punkt. Diese Eigenschaft ist genau das, was Sie brauchen.

Die zentrale Fähigkeit des anderen ist Geduld. Der andere ist auch akkurat. Daraus können Sie Ihren Nutzen ziehen.

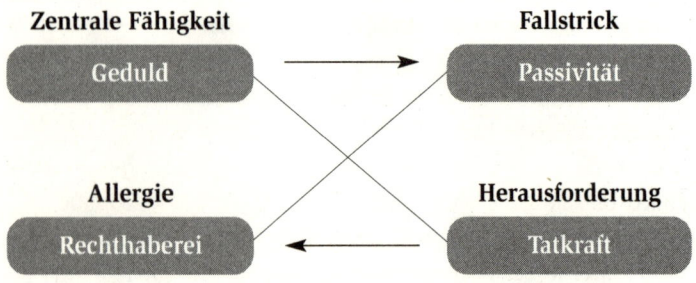

Sie können viel von einer anderen Person lernen, wenn Sie sie in ihrer zentralen Fähigkeit anerkennen. Damit können Sie selbst hartnäckige Konflikte durchbrechen. Wenn Sie sowohl für sich selbst als auch für den anderen ein Schema der Kernquadranten zeichnen, sehen Sie, dass das Schema des anderen das Spiegelbild Ihres eigenen Schemas ist.

Zeichnen Sie deshalb bei Konflikten ein Schema Ihrer Kernquadranten und ein Schema für denjenigen, mit dem Sie Probleme haben. Suchen Sie nach der zentralen Fähigkeit des anderen und machen Sie ihm dafür ein Kompliment.

Beispiel eines Kernkonfliktes

Maureen Wood, eine 34-jährige Bibliothekarin aus Sydney, hat genug von ihrer Arbeit in einer Bibliothek. Am liebsten wäre sie Chefredakteurin bei einer Zeitung, ein dynamischer Beruf, aber das Arbeiten unter Zeitdruck schreckt sie ab. Sie bewirbt sich um die Stelle als Redakteurin bei einem kleinen Verlag für Lehrbücher und wird angenommen. Ihr Chef Wayne Smith, ein richtiger Aussie, Mitte fünfzig, ist sehr stolz darauf, diesen Verlag selbst aufgebaut zu haben. Er hat sein Ziel erreicht und steckt nicht mehr soviel Energie in das Unternehmen. Er surft lieber. Maureen Wood schäumt über vor Energie und möchte ihre Kenntnisse auf dem Gebiet der neuen Medien einsetzen, um den Marktanteil für den Verlag zu vergrößern. Sie kennt sich aus mit dem Entwerfen von Webseiten. Die Reaktion ihres Chefs wundert sie. Er reagiert kaum, zögert Entscheidungen hinaus und will nicht in die Software investieren. Es ist, als würde er ihr ausweichen. Seine Passivität frustriert sie und ihre anfängliche Begeisterung kühlt schnell ab. Was ist hier der unausgesprochene Kernkonflikt?

Maureen Woods zentrale Fähigkeit ist Tatkraft. Aber ihr Chef empfindet das als Besserwisserei.

Wayne Smiths zentrale Fähigkeit ist seine entspannte Haltung. Aber Maureen Wood hält das für Passivität (siehe Tabelle). Jeden Tag nimmt die gegenseitige Allergie zu. Die Allergie ist die negative Seite der zentralen Fähigkeit des anderen. Wie können sie das lösen? Zum Beispiel, indem Maureen Wood einmal zum Surfen mitgeht und sich ihrem Chef gegenüber entspannt verhält. So fühlt er sich nicht mehr so bedrängt und kann sich ihren Ideen leichter öffnen.

Person/Eigenschaft	+	–
Maureen Wood	Tatkraft	Besserwisserei
Wayne Smith	Entspannt	Passiv

Bringen Sie Leidenschaft in Ihre Beziehung

Es wird immer schwieriger, die richtige Balance zwischen Beruf und Privatleben zu finden. Wenn Sie im Beruf in Zeitnot geraten, nehmen Sie die Unterlagen mit heim und verbringen viele Abende am Computer. Zwar kommen Sie mit der Arbeit kaum voran, aber immerhin haben Sie das Gefühl zu arbeiten. Da Sie abends oft bis um zehn Uhr Besprechungen haben, sehnen Sie sich, wenn Sie dann endlich nach Hause kommen, nur noch nach Ruhe. Ein bisschen fernsehen, Zeitung lesen, ein Bier oder ein Glas Wein trinken – das stellen Sie sich unter Entspannung vor. Ihrem Partner oder Ihrer Partnerin schenken Sie kaum noch Aufmerksamkeit. Ist er oder sie schon im Bett? Kein Problem. Sex hatten Sie in letzter Zeit sowieso nur noch mehr aus Gewohnheit oder, weil man danach so gut schläft. Richtig spannend ist es nicht mehr. *Wir holen das im Urlaub nach*, denken Sie. Wenn Sie etwas gemeinsam unternehmen, tun Sie das meist zusammen mit anderen Paaren. So pflegen Sie beide Ihre sozialen Kontakte. Es ist schon lange her, dass Sie zu zweit ausgegangen sind. *Leben wir uns auseinander?* fragen Sie sich. *Aber nein. Ein Wochenende in Paris oder eine Woche auf Ibiza, und alles ist wie früher.*

Bis eines Tages Ihr/e Lebensgefährte/in mit gepackten Koffern im Flur steht und weggeht. Lieber irgendwo ein Zimmer mieten, als noch länger in dieser kalten Wohnung leben, in der nie mehr gelacht wird.

Pflegen Sie Ihre Beziehung!

Das Ende einer Beziehung bedeutet für viele Menschen eine seelische Krise, die, wenn man damit nicht umgehen kann, zu einem Burnout-Syndrom führen kann. Wozu haben Sie die ganze Zeit so hart gearbeitet? Natürlich um später gemeinsam ein angenehmes Leben führen zu können, gemeinsame Urlaube, die langersehnte dreimonatige Reise. Jetzt, da der andere gegangen ist, ist auch der Sinn des ganzen Lebens verloren gegangen.

Kommt Ihnen diese Situation bekannt vor? Merken Sie, wie Ihre Beziehung verdorrt, weil Sie beide allzu sehr in Ihrer Arbeit aufgehen? Investierten Sie Zeit und Energie in einander:

- Sehen Sie sich die Liste Ihrer Energieräuber und Energiespender im Privatleben an (siehe Tag 3). Besprechen Sie mit Ihrem Partner/Ihrer Partnerin, was Sie gegen manche der Energieräuber tun können, zum Beispiel wie Sie die Hausarbeit besser verteilen können. Wer kocht wie oft etc.? Tauschen Sie regelmäßig die Aufgaben.

- Stellen Sie zu Beginn des Jahres gemeinsam einen Plan für die ganze Familie auf. Welche individuellen Ziele möchten die einzelnen Familienmitglieder erreichen und welches sind die gemeinsamen Ziele? Die Ziele können stark variieren: von Fußballmeister werden bis zum Einbau einer neuen Küche. Stellen Sie zum Jahreswechsel fest, welche Ziele erreicht wurden und welche nicht. Untersuchen Sie auch, woher das kommt – und wie Sie nicht erreichte Ziele doch noch verwirklichen können. Auf diese Weise verhindert man, dass nur ein einziges Familienmitglied Ziele setzt und verwirklicht (möglicherweise zu Lasten der Prioritäten der anderen).

- Überraschen Sie einander! Verabreden Sie mit Ihrem Partner/Ihrer Partnerin, dass jeder von Ihnen beiden jeden Monat etwas Nettes plant, das Sie gemeinsam unternehmen können. Für den anderen bleibt es eine Überraschung, was an dem geplanten Abend oder Wochenende geschieht.

- Sorgen Sie auf jeden Fall dafür, dass Sie jede Woche eine gewisse

Zeit miteinander verbringen. Das ist nicht das Gleiche wie jeden Abend gemeinsam die Tagesschau ansehen. Die gemeinsame Zeit sollte mindestens einen Tag und zwei Abende in der Woche betragen. Schalten Sie den Anrufbeantworter ein und machen Sie es sich gemütlich.

● Während der Ferien dürfen sich alle jeden Tag etwas wünschen. Eis essen, Volleyball spielen, Essen gehen. Richten Sie es so ein, dass alle Wünsche erfüllt werden können.

● Machen Sie aus Ihrem Herzen keine Mördergrube. Suchen Sie einen günstigen Zeitpunkt aus, um miteinander zu reden und üben Sie sich in der Kunst des Zuhörens. Ihr Partner/Ihre Partnerin wird sich oft schon dann in hohem Maße von Ihnen verstanden fühlen, wenn Sie richtig zusammenfassen können, was er oder sie gesagt hat. Stellen Sie Ihre eigenen Auffassungen zurück und interpretieren Sie nichts hinein.

● Wenn Sie mit etwas nicht einverstanden sind, rühren Sie keine alten Streitigkeiten wieder auf und sagen Sie nicht mitten in der Diskussion, dass der andere genau wie sein oder ihr Vater ist. Bleiben Sie beim Thema. Versuchen Sie gemeinsam eine Lösung zu finden.

● Verhandeln Sie. Ein gutes Beispiel sind die zwei Menschen, die die gleiche Zitrone wollen. Aber was zeigt sich? Der eine will die Zitrone wegen der Schale für einen Apfelkuchen. Der andere will den Saft der Zitrone, weil er so gerne Orangensaft mit Zitronensaft mischt. Vertiefen Sie sich deshalb in die Interessen des anderen und untersuchen Sie, ob sich diese mit Ihren eigenen verbinden lassen.

● Denken Sie lösungsorientiert und nicht problemorientiert.

● Worüber streiten Sie sich immer wieder? Und welchen Konflikten gehen Sie beide aus dem Weg? Wenn Sie sich zum Beispiel ständig über Geldangelegenheiten streiten, dann machen Sie einen gemeinsamen Plan, wie Sie das anpacken können. Was sind die Einnahmen und was die Ausgaben?

● Durch Stress kann ein Paar eine Lebensweise entwickeln, die beinahe nur noch aus Essen, Arbeiten und Schlafen besteht.

Durchbrechen Sie die Routine, laden Sie Freunde unter der Woche zum Essen ein. Bestellen Sie für daheim eine Mahlzeit bei einem Party-Service. Dann kostet es Sie keinen zusätzlichen Aufwand und Sie haben trotzdem den Alltagstrott durchbrochen.

- Verschaffen Sie sich gemeinsam Bewegung. Abends zu zweit müde aufs Sofa sinken ist vielleicht sehr verführerisch, aber für den Körper ist das nicht gesund. Schlacken sammeln sich im Körper an. Wenn Sie sich körperlich betätigen, bildet der Körper Endorphine, die so genannten Wohlfühl-Hormone. Spielen Sie Fußball mit den Kindern, arbeiten Sie im Garten oder gehen Sie spazieren. Nehmen Sie Tango- oder Salsaunterricht. Sie lernen sich so auf eine ganz andere Art kennen. Tanzen ist spannend und aufregend. Gehen Sie zusammen in die Sauna.

- Machen Sie Ihrem Partner ab und zu ein Kompliment und drücken Sie Ihre Zuneigung auch körperlich aus, zum Beispiel durch Schmusen oder indem Sie die müden Schultern des anderen massieren. Das bedeutet nicht, dass Sie dann unbedingt miteinander schlafen müssen, wobei man sich natürlich herrlich fühlen kann, wenn man mit einander geschlafen hat.

- Haben Sie immer zur gleichen Zeit Sex? Probieren Sie andere Zeiten aus, nicht immer kurz vor dem Schlafengehen, sondern auch einmal früh am Abend, mit einem Glas Champagner und romantischer Musik. Oder früh morgens. Sorgen Sie für Abwechslung. Das heißt nicht, dass man gleich das ganze Kamasutra durchexerzieren muss. Wechseln Sie den Ort. Haben Sie es schon einmal im Auto probiert? Küssen Sie sich noch? Gibt es eine geheime Fantasie, die Sie dem anderen anvertrauen wollen. Probieren Sie zusammen etwas aus!

Tag 20

Die Wärme der Freundschaft

Soziale Kontakte waren für unsere Vorfahren eine Überlebensnotwendigkeit. Wenn die Menschheit in der Vorzeit nicht in Gruppen gelebt hätte, wäre sie wahrscheinlich ausgestorben. Das Zusammenleben ist in unseren Genen verankert. Deshalb haben wir bis zum heutigen Tage ein großes Bedürfnis an sozialen Kontakten, auch wenn wir sie nicht mehr brauchen, um zu überleben.

Was macht Menschen glücklich? Ein Dokumentarfilm der BBC, der das Geheimnis des Glücks zu ergründen suchte, zeigte zu Beginn des Jahres 2001 einen Lottogewinner, der mit dem vielen Geld nicht glücklich ist. Er verlor seine Freunde, denn sie wollten, dass er seinen Reichtum mit ihnen teilte. Es ist nicht das Geld, das uns glücklich macht, das ist inzwischen auch wissenschaftlich bewiesen. Höchstens vier Prozent der Veränderungen unseres Wohlbefindens sind auf eine Verbesserung oder Verschlechterung der finanziellen Lage zurückzuführen. Aber was macht uns dann glücklich? Für ein glückliches Leben sind befriedigende zwischenmenschliche Kontakte und die Möglichkeit, arbeiten zu können, die wichtigsten Faktoren. Glück wird auch umschrieben als das Maß an Lebensfreude, das ein Mensch empfindet. Glück ist eine Bewertung des gesamten Lebens, des Berufs, der Freundschaften, der Beziehung und anderer Dinge, wie zum Beispiel der religiösen Überzeugung. „Freundschaften entstehen von alleine", denken viele Menschen. „Es ist unsinnig, darüber nachzudenken und sich bewusst damit zu beschäftigen. Wer keine Freunde hat, der ist eben ein Blödmann und ein Versager." Aber damit wird man der Bedeutung, die soziale Kontakte und ein soziales Netz für unser Wohlbefinden haben, nicht gerecht.

Hormone und Freundschaft

Der Politologe Robert Lane bezeichnet in seinem Buch *The loss of happinesss in market democracies* den Verlust der Freundschaft als Ursache dafür, dass wir an Glück eingebüßt haben. Freundschaft hat eine evolutionäre Grundlage: Unser Stoffwechsel bereitet uns auf Beziehungen mit anderen Menschen vor. Dabei kämpfen zwei Hormonsysteme um die Vorherrschaft. Das eine System, das die Stresshormone Adrenalin und Kortison bildet, bereitet uns auf Kampf oder Flucht vor (siehe Tag 4). Das andere System fördert Bindungen und erzeugt bei Frauen Oxytozin. Dieses Eiweiß entsteht im Hypothalamus und führt u. a. dazu, dass sich die Muskeln anspannen. Es kommt vor allem bei stillenden Frauen vor. Das Hormon Oxytozin ist an der Entstehung aller Arten menschlicher Bindungen beteiligt: zwischen Kindern und Eltern, zwischen Brüdern und Schwestern und unter Freunden und Liebenden. Oxytozin trägt zur Entwicklung sozialen Verhaltens bei. Es erhöht die Lebensqualität und steigert die Lebenserwartung. Oxytozin spielt in der Menschheitsgeschichte eine wichtige Rolle beim Überleben und der Fortpflanzung. Lane bemerkt am Rande, dass diese in den westlichen, marktwirtschaftlich orientierten Gesellschaften, die sehr niedrige Geburtenraten aufweisen, vielleicht durch die niedrigen Serotoninwerte im Blut gehemmt wird – ausgelöst durch zuviel Stress. Und so fragen sich manchmal auch junge Frauen, die keine Kinder bekommen können, ob der berufliche Stress dafür verantwortlich ist.

Heutzutage verschlingt die Erwerbsarbeit einen erheblichen Teil unserer Energie. Durch Arbeitsteilung und technologische Entwicklungen sind wir viel produktiver geworden. Wir sind auch immer stärker auf den Arbeitsplatz angewiesen, wenn es um freundschaftliche Kontakte geht. Das rächt sich, wenn man krank wird und nicht mehr am Berufsleben teilnehmen kann. Man verliert nicht nur seine Arbeit, sondern auch seine sozialen Kontakte. Ist man ausgebrannt, gerät man leicht in soziale Isolation. Am Arbeitsplatz ist man in kürzester Zeit abgeschrieben. Man gehört nicht mehr dazu und vermisst die Anerkennung für den großen Einsatz, den man in der Vergangenheit bei der Arbeit geleistet hat. Ein paar Postkarten, ab und zu ein kurzer Besuch. Drei Monate später haben alle vergessen, dass man existiert.

Wie baut man sich soziale Kontakte auf? Soll man Freunde anrufen, die man jahrelang nicht gesehen hat? Der Rat des Therapeuten hört sich so einfach an: Lösen Sie sich von der Arbeit, denken Sie eine Weile nicht an sie, sondern unternehmen Sie Dinge, die Ihnen Spaß machen und investieren Sie in Ihre Beziehungen zu anderen Menschen.

Neue Freunde finden

Ein naheliegender Ratschlag ist, Kurse zu besuchen, die einen inspirieren. Therese Braun, Leiterin einer Wohlfahrtseinrichtung, nahm ihre einstige Lieblingsbeschäftigung, das Singen, wieder auf. Sie nahm an einem Gesangskurs teil. Gegen Kursende fragte sie eine der anderen Frauen, ob sie Lust habe, zusammen mit ihr vor dem Singen eine Kleinigkeit essen zu gehen. Sie merkte, wie sehr sie sich davor fürchtete, dies zu tun. Dieses Gefühl überraschte sie, denn in ihrer Arbeit als Führungskraft hatte sie täglich die Initiative ergriffen und ein ganzes Netzwerk aufgebaut. Aber sich als Privatperson einfach so zu trauen, einen anderen Menschen zu fragen, ob er mit ihr etwas unternehmen wolle!

Ihr negatives Selbstbild behinderte sie. Wozu taugte sie noch, ein Mensch ohne Arbeit und krankgeschrieben? Sie war ein Nichts. Warum sollte irgendjemand Lust haben, etwas mit ihr zu unternehmen? Könnte sie es ertragen, abgewiesen zu werden? Sie wurde von negativen Gedanken beherrscht (siehe Tag 17), die sie erst hinterfragen musste. Das gelang ihr gut, sie rang sich dazu durch, den schwierigen Schritt zu tun. Das Essen war ein großer Erfolg und wurde der Anfang einer engen Freundschaft.

Freundschaft ist nicht gleich Freundschaft

Manche Menschen stehen sich buchstäblich selbst im Weg, weil sie zu hohe Anforderungen an ihre Freundschaften stellen. Sie gehen zum Beispiel davon aus, dass sie allen Kollegen hundertprozentig vertrauen können und dass die Kollegen ihre Auffassungen teilen. Merken Sie, dass Sie auch so denken, dann versuchen Sie, verschiedene Arten von Freundschaften zu unterscheiden. Man kann nicht von allen Freunden das Gleiche verlangen.

Laut Aristoteles (340 v. Chr.) gibt es drei Arten der Freundschaft: Freundschaften des Vorteils, des Vergnügens und des Charakters. Bei Freundschaften des Vorteils geht es darum, sich gegenseitig direkt oder indirekt einen Gewinn zu verschaffen. Dazu gehören berufliche Beziehungen und Beziehungen mit Kollegen. Bei Freundschaften des Vergnügens geht es einfach um Vergnügen und Unterhaltung. Mit manchen Kollegen geht man in die Kneipe, mit anderen zum Sport und manche lädt man zu seinem Geburtstag ein. Bei Freundschaften des Charakters geht es viel mehr um Werte und Normen, die man teilt. Man hat denselben Stallgeruch – und man akzeptiert sich beinahe bedingungslos. Das ist die Art Freundschaft, über die Elie Wiesel (1964) sagte: „Was ist ein Freund? Er ist derjenige, der dir zum ersten Mal deine und seine Einsamkeit bewusst macht und dir hilft, dich aus ihr zu lösen, damit du ihm deinerseits hilfst, sich aus seiner zu lösen. Dank seiner kannst du still werden ohne dich zu schämen, kannst du spontan sein ohne dich vor Erniedrigung zu fürchten."

Die Freundschaften des *Vorteils* und des *Vergnügens* werden heutzutage häufig „Netzwerke" genannt. Ein Netzwerk ist eine lose Gemeinschaft von Menschen, die einander kennen oder etwas gemeinsam tun. Die Grundlage kann Religion sein, Geschäftliches, Sport oder Politik. Aber auch die Eltern der Kinder einer Kindertagesstätte bilden eine Art „Netzwerk", soweit sie miteinander Kontakt haben. „Networking" wird in der Bedeutung „Kontakte knüpfen und pflegen" benutzt. Das geschieht ständig, beim Mittagessen, im Sportverein, bei Freizeitaktivitäten, auf Kongressen und im Internet. Wenn man ausgebrannt ist, gerät dieser ständige Austausch ins Stocken, weil die Grundlage der Kontakte zu einem großen Teil die berufliche Tätigkeit ist. Man wird sich neue Netzwerke aufbauen müssen, die nicht unmittelbar mit dem Beruf verknüpft sind.

Melden Sie sich für einen Kurs an und investieren Sie in die Entwicklung von Freundschaften des *Vorteils* und des *Vergnügens*. Laden Sie einen der anderen Teilnehmer auf ein Bier oder Glas Wein ein. Pflegen Sie die Freundschaften des *Charakters* und bemühen Sie sich darum, dass Sie auch vergnügliche Dinge unternehmen wie Essen gehen, Theaterbesuche oder Spaziergänge.

Gezielt jammern

Freundschaften des *Charakters* halten oft auch stand, wenn man ausgebrannt ist. Aber für alle Arten der Freundschaft gilt, dass sich Geben und Nehmen ausgleichen müssen. Belasten Sie deshalb den anderen nicht zu sehr. Verhindern Sie, dass die Freundschaft zu einseitig wird, indem Sie zu viel über Ihre Arbeit und das Gefühl des Ausgebrannt-Seins jammern.

Trotzdem wollen Sie manchmal nach Herzenslust jammern und klagen! Was durchaus richtig ist, denn trotz allen positiven Denkens fühlt man sich, wenn man ausgebrannt ist, manchmal ganz fürchterlich. Nehmen Sie sich darum ab und zu einen Kurzurlaub von den ganzen positiven Übungen in diesem Buches. Seien Sie fünf Minuten lang so griesgrämig, wie es nur geht. Schimpfen, quengeln und jammern Sie nach Herzenslust. Nicht zu zaghaft, lassen Sie sich gehen. Betrachten Sie alles, aber auch wirklich alles von der allerdüstersten Seite. Übertreiben Sie! Versuchen Sie hinterher, Ihr Gefühl zu verändern. Versuchen Sie, sich gut zu fühlen. Betrachten Sie erneut, was Sie früher getan oder gedacht haben, um ein gutes Gefühl zu bekommen. Schauen Sie sich noch einmal die von Ihnen aufgestellte Liste mit angenehmen Dingen an (siehe Tag 3). Können Sie sie noch erweitern?

Christa Rauch hat ihre ganz persönliche Art entwickelt, sich von unangenehmen Gefühlen loszulösen. Wenn sie sich bei der Arbeit wegen einer kritischen Bemerkung ihres Chefs schlecht fühlt, stellt sie sich vor, sie sei an einem wunderschönen Ort: an einem sonnigen Strand mit Palmen und mit ihrer besten Freundin. Sie spürt die Sonnenstrahlen auf ihrer Haut und eine sanfte Brise weht durch ihre Haare. Sie macht ihrem Herzen Luft. Sie jammert ihrer Freundin die Ohren voll. Die Freundin hört ihr aufmerksam und verständnisvoll zu. Während sie klagt, sieht Christa Rauch aufs Meer hinaus und folgt mit ihren Blicken den Segeln der Surfer. Auf jedes der Surfbretter legt sie einen ihrer unangenehmen Gedanken und langsam treiben sie weg, bis sie sie nicht mehr sehen kann. In solch einer schönen Umgebung kann sie sich einfach nicht mehr länger beklagen. Ihr fällt ein Stein vom Herzen. Warum sollte sie sich noch länger aufregen? Ihre Fantasie beruht auf einer wirklichen Begebenheit. Sie war mit ihrer Freundin Patricia im Urlaub in Andalusien. Sie hatten eine schöne Ferienwohnung mit Blick aufs Meer. Sie saßen gemütlich bei einer Tasse Tee im Garten und Christa Rauch reagierte ihre Wut über das unsinnige Verhalten ihres Chefs ab. Innerhalb weniger Minuten geriet sie ins Stocken. Es passte nicht zu dieser schönen Umgebung, über solche Banalitäten zu reden. Seither benutzt sie diesen Kunstgriff oft. Sie stellt sich bei unangenehmen, aber im Grunde unwichtigen Erlebnissen vor, sie erzähle diese ihrer Freundin in einer wunderbaren Umgebung. Beinahe von selbst kehrt ihre gute Laune dann zurück.

Tag 21

Vor der Wiederaufnahme der Arbeit zurückschrecken

Thomas Waldhaus erkrankte im September an einem Burnout-Syndrom. „Manche Buchstaben auf Werbeplakaten verschwanden aus meinem Gesichtsfeld. Ich konnte nicht mehr Auto fahren", erzählt er. Der Betriebsarzt sagte ihm, das sei das letzte Warnsignal. Thomas Waldhaus beschreibt genau, was er spürt: „Ich bin nicht depressiv, aber sehr emotional und leicht erregbar. Wegen der kleinsten Kleinigkeit laufen mir Tränen über die Wange. Auch schöne Wochenend-Ausflüge, die ich wegen der Abwechslung unternahm, halfen mir nicht weiter. Seit November kann ich wieder lesen. Zuerst nur ein paar Zeilen, jetzt schaffe ich es, einen Zeitungsartikel zu lesen. Auch mein Sprachvermögen habe ich wiedererlangt. Kurz nachdem ich krank geworden bin, musste ich mir die Sätze im Voraus zurechtlegen. Ich denke, dass es jetzt wieder aufwärts geht, denn die Abstände zwischen den Tiefpunkten werden länger".

Trotz aller Zuversicht gibt es bei Thomas Waldhaus ein großes Hindernis: die Rückkehr an den Arbeitsplatz. Der Betriebsarzt und Thomas Waldhaus haben zusammen Februar oder März als vorläufiges Zieldatum festgelegt. Jetzt, da dieses Datum näherrückt, wird es Thomas Waldhaus unbehaglich zumute: „Es ist ganz komisch, aber jedes Mal, wenn ich an dieses Datum denke, bricht mir der Schweiß am ganzen Körper aus und ich fühle mich plötzlich furchtbar elend, obwohl es mir doch an sich besser geht.

Friederike Wunderlich bekam in ihrem Beruf als Anästhesistin ein Burnout-Syndrom. Mit ihrem Betriebsarzt vereinbart sie, nach vier Monaten wieder mit dem Arbeiten anzufangen. Nach Rücksprache mit ihren Kollegen fängt sie mit vier Stunden Vorlesung pro Woche an. Sie hält gerne Vorlesungen und es wäre nicht viel Stress für sie. An ihrem ersten Arbeitstag stellt sich heraus, dass der Oberarzt die Vorlesung schon vorbereitet hat. Er ist nicht damit einverstanden, dass Friederike seine Vorlesung übernimmt und schickt sie weg.

Probleme des Arbeitgebers

Beinahe allen Arbeitnehmern fällt es schwer, ihre Arbeit nach einer langen Zeit der Abwesenheit wieder aufzunehmen. Es ist nachgewiesen, dass es nur wenigen Menschen gelingt, nach einer Krankheitsperiode von drei Monaten an ihren alten Arbeitsplatz zurückzukehren.

Manchmal fällt es auch dem Arbeitgeber schwer, wenn der Arbeitnehmer zurückkommt. Noch ein Beispiel: Der Direktor einer Einrichtung des Gesundheitswesens äußert seine Befürchtungen bezüglich der Wiedereingliederung Emil Großmanns, des Leiters der Finanzabteilung, der ausgebrannt gewesen ist. „Ich habe durch die Gerüchteküche gehört, dass Herr Großmann nach Neujahr wieder mit der Arbeit anfangen will. Das erscheint mir unvernünftig. Ich würde außerdem unter den heutigen Umständen eine Rückkehr ohne vorherige Rücksprache über sein zukünftiges Funktionieren nicht begrüßen. Seine Stelle ist derzeit mit einem Interimschef besetzt – zudem wird das Aufgabenprofil derzeit umstrukturiert. Sollte er jetzt an seinen alten Arbeitsplatz und in seine alte Position zurückkehren, ohne gelernt zu haben, mit Veränderungen umzugehen, würde er wieder in seine alten Verhaltensweisen zurückfallen. Dann stünde er in kürzester Zeit wieder bei Null."

Der Direktor wollte die Wiedereingliederung sauber regeln und nicht hinter vorgehaltener Hand. Im Interesse Emil Großmanns *und* im Interesse der Einrichtung wollte er vor der Wiedereingliederung alles gut abstimmen und klare Vereinbarungen treffen. Aber er tat noch mehr. Er schlug Emil Großmann vor, sich von einem Mentor betreuen zu lassen, wobei der Schwerpunkt auf der Veränderung seine Arbeitsauffassung liegen sollte. So geschah es schließlich auch. Gemeinsam mit seinem Mentor arbeitete Emil Großmann an der Rational-Emotiven Therapie – und es wurde ihm eine Zeit lang ein Coach zur Seite gestellt.

Tipps für Arbeitgeber und Arbeitnehmer

1. Wichtig ist, dass der Vorgesetzte, der Mitarbeiter und möglicherweise der Vertrauensarzt oder ein Mitarbeiter der Personalabteilung die Wiedereingliederung im Voraus besprechen. Es ist ratsam, die Wiedereingliederung als gemeinsames Projekt zu begreifen und deshalb einen gemeinsamen Plan zu entwickeln.
2. Es ist unbedingt notwendig, dass die Tätigkeiten allmählich aufgestockt werden. Der Inhalt der ausgewählten Tätigkeiten ist entscheidend. Aber auch der Ort, wo gearbeitet wird. Fangen Sie damit an, zu Hause täglich eine Stunde zu arbeiten. Nehmen Sie Post von Ihrer Arbeitsstelle mit, lesen Sie die letzten Ausgaben von Fachzeitschriften. Vielleicht ist es besser, wenn Sie zunächst bei einer anderen Abteilung leichtere Tätigkeiten ausführen und erst später an Ihren eigentlichen Arbeitsplatz zurückkehren. Ein Mitarbeiter einer Personalabteilung wurde zum Beispiel erst mit einfachen Verwaltungstätigkeiten in der Gehaltsabrechnung betraut. Ein Betriebsarzt arbeitete zunächst an planerischen Aufgaben, bevor er wieder Patienten betreute.
3. Auch die Arbeitsdauer muss eine aufbauende Tendenz aufweisen. Meistens fängt man mit zwei Stunden pro Woche an. Wenn man das gut bewältigt, erhöht man die Arbeitszeit auf vier Stunden usf.
4. Und nun der Arbeitsplatz. Möglicherweise arbeitet jemand anderes an Ihrem Arbeitsplatz. Vielleicht hat sich Ihr ordentliches Arbeitszimmer in ein fürchterliches Durcheinander verwandelt. Eine Psychologin, die an ihren Arbeitsplatz zurückkehrte, entdeckte, dass ihre Vertretung ihr ganzes Zimmer mit schwarzen

Ordnern vollgestellt hatte. Sie löste die Schwierigkeit, indem sie den Kollegen darauf ansprach. Die Ordner wurden auf zwei Zimmer verteilt, so dass wieder Platz für ihre Sachen entstand.

5. Gibt es noch Angelegenheiten, die ausdiskutiert werden müssen? Oft haben sich Konflikte aufgestaut, bevor jemand ein Burnout-Syndrom bekommen hat. Vielleicht steckt noch Wut oder Groll in Ihnen. Vielleicht haben Sie das Gefühl, dass der Betrieb Ihnen dies angetan hat. Möglicherweise haben sich Ihr Vorgesetzter und Ihre Kollegen während Ihrer Krankheit kaum bei Ihnen gemeldet. Überlegen Sie sich gut, was Sie ärgert, welche leidigen Angelegenheiten es noch gibt – und bereinigen Sie sie. Eine Aussprache kann dann nützlich sein, aber Sie können auch RET (Rational-Emotive Therapie) einsetzen. Stellen Sie sich beispielsweise die Frage, was Sie bei der Rückkehr am meisten abschreckt. Manche Menschen antworten dann, ihre größte Angst sei, dass sie den Anforderungen nicht genügten, dass sie wieder scheitern könnten. Sie wollen das schreckliche Gefühl des Ausgebrannt-Seins kein zweites Mal erleben.

Die entsprechende RET-Übung sieht folgendermaßen aus:

Situationsbeschreibung

In einer Woche (oder einem Monat) kehre ich an meinen Arbeitsplatz zurück.

Irrationale Gedanken

1. Das geht mir viel zu schnell. Das schaffe ich nie, ich bekomme sofort einen Rückfall.
2. Es kostet mich zuviel Energie. Eine Stunde Arbeit erschöpft mich schon völlig.
3. Meine Arbeit widert mich an, eigentlich will ich eine andere Stelle.
4. Ich traue mich nicht, vor meine Kollegen zu treten.

5. Ich kann viel schlechter mit Enttäuschungen umgehen. Ich fange schon an, zu weinen, wenn ich bemerke, dass ich beim Einkaufen schon wieder etwas vergessen habe und noch einmal in den Laden gehen muss.

Gefühl

Angst. Körperliche Reaktionen: Übelkeit, Schwindel, Schwitzen.

Hinterfragen der irrationalen Gedanken

1. Woher will ich wissen, dass es zu schnell geht? Das ist nur ein Gedanke. Wichtig ist, dass ich Schritt für Schritt vorangehe und die Arbeitszeit erst dann verlängere, wenn ich es gut schaffe. Wenn ich mich richtig um Zeit zum Ausruhen kümmere, muss es nicht so sein, dass ich einen Rückfall bekomme. Worauf ich achten muss, ist, dass ich genug angenehme Dinge einplane. Was waren doch gleich meine „Energiespender"? Was stand auf meiner Liste der fünfzig angenehmen Beschäftigungen?
2. Es stimmt, dass mich eine Stunde Arbeit viel Energie kostet. Ich sollte das dann auch berücksichtigen und nach jedem Arbeitstag einen Ruhetag planen.
3. Wie ich meiner Arbeit jetzt gegenüberstehe, ist geprägt durch die Zeit vor meinem Burnout-Syndrom. Ich beurteile sie jetzt nicht objektiv. Wenn ich in drei Monaten aber den gleichen Eindruck habe, werde ich mich mit meinem Chef über meine Möglichkeiten beraten.
4. Warum sollte ich mich vor meinen Kollegen schämen? Woher will ich außerdem wissen, was sie denken? Ich bin kein Hellseher/keine Hellseherin. Manche Kollegen werden auf jeden Fall sehr froh sein, dass ich wieder da bin. Ich bin nicht der Erste im Betrieb, der ausgebrannt war. Und selbst wenn ich der Erste gewesen wäre! Ich verurteile andere auch nicht, wenn sie krank sind. Das Entscheidende ist, dass ich selbst annehmen kann, dass ich krank wurde und mich nun auf dem Weg der Besserung

befinde. Wenn ich mich akzeptiere, perlt das negative Urteil anderer an mir ab wie Duschwasser.

5. Es stimmt, dass ich schneller aufspüre, was mich stört, und dass ich emotionaler bin. Wenn ich häufiger RET-Übungen mache, werde ich meine Gefühle wieder in den Griff bekommen. Allerdings muss ich mich dieser Herausforderung stellen.

Erwünschtes Gefühl

Ruhig, gelassen und beherrscht, weil ich mich akzeptiere und mich weniger vor dem Urteil anderer fürchte.

Vorausdenken

Selbstbeherrscht handeln bedeutet auch, vorauszuschauen. Das ist schwierig, wenn man richtig ausgebrannt ist. Schreitet die Erholung aber voran, kann man ab und zu ein wenig darüber nachdenken. Natürlich ohne ins Grübeln zu verfallen. Die folgende Übung gibt der Rückkehr an den Arbeitsplatz Struktur, auch, wenn Sie davor zurückschrecken.

1. Stellen Sie sich vor, dass Sie in vier Wochen wieder anfangen zu arbeiten. Was finden Sie am schlimmsten, wovor graut es Ihnen am meisten? Was meinen Sie, denken die anderen über Sie? Wie beurteilt Sie Ihr Chef? Was könnte Ihnen helfen, besser damit umzugehen? Welches ist der erste Schritt?
2. Nehmen Sie sich vor, eine bestimmte Sache in Ihrer Arbeit wirklich anders zu machen. Wenn das gelingt, können Sie eine andere Sache angehen. Ein Beispiel: Sie nehmen sich vor, von Nervensägen etwas zu lernen. Ein anderes Beispiel: Sie setzen Grenzen, indem Sie häufiger nein sagen.
3. Stellen Sie eine Liste der Bedingungen auf, die Ihre Wiedereingliederung begünstigen.
4. Wenn Sie wieder angefangen haben zu arbeiten – führen Sie ein

Tagebuch! Was ging während Ihrer Wiedereingliederung gut? Was hätte besser sein können? Wie haben Sie sich gefühlt? Welchen persönlichen Stolpersteinen sind Sie begegnet? Wie sind Sie mit Ihren Grenzen umgegangen? Stellen Sie ganz regelmäßig neue Listen der Energieräuber und -spender auf. Wenn die Zahl der Energieräuber nach einem halben Jahr die Zahl der Energiespender übertrifft, dann informieren Sie sich über andere Arbeitsstellen und erkundigen Sie sich bei Ihrem Vorgesetzten über Ihre beruflichen Zukunftsaussichten.

5. Es kann auch sein, dass die Arbeit Sie deshalb so viel Kraft kostet, weil Sie den Anforderungen der Arbeit nicht gewachsen sind. Besprechen Sie dies und bitten Sie um Betreuung.

Tag 22

Lassen Sie das Telefon klingeln!

An welchen Signalen kann man Stress erkennen? Krankenschwestern und Ärzte gaben während eines Seminars die folgenden Stresssymptome an: Magenschmerzen, Rückenschmerzen, Kopfschmerzen, Schlaflosigkeit, Haarausfall, verkrampfte Nackenmuskulatur, Schwitzen, Stimmungsschwankungen, Ekzeme, Konzentrationsstörungen, Verwirrtheit, Ermüdung, Antriebslosigkeit, Lustlosigkeit, Rückzug, Bedürfnis nach Einsamkeit, „Fressanfälle", erhöhter Alkohol- und Nikotingenuss, Appetitlosigkeit, ungesundes Essen (zu viel Fett), häufiges Krankwerden. Die Arbeitsbelastung erwies sich als wichtigster Stressauslöser. Was aber ist „Arbeitsbelastung"? Jeder Mensch versteht darunter etwas anderes: Arbeitsbelastung ist für den einen die Gehaltsminderung, während bei einem anderen sexuelle Belästigung am Arbeitsplatz die Belastung erhöht. Für einen Gerichtsvollzieher bedeutet die Androhung von Gewalt eine Zunahme der Arbeitsbelastung. Die Arbeitsbelastung eines Lehrers erhöht sich durch die Auswirkung einer Lehrplanreform. Allgemein gilt, dass Arbeitstage ohne Mittagspause die Arbeitsbelastung erheblich erhöhen. Ohne Unterbrechung acht Stunden zu arbeiten, ist sehr belastend. Aus der Stressforschung ist bekannt, dass der Blutspiegel der Stresshormone zu stark ansteigt, wenn man acht Stunden ohne Pause arbeitet. Acht Stunden arbeiten ohne Pause ist verantwortungslos. Man braucht Erholungspausen. Wenn diese fehlen, kann das zu schwerwiegenden Symptomen führen.

Entspannung in der Routine

Es gibt jedoch allerlei Möglichkeiten, die Arbeitsbelastung spürbar zu senken – innerhalb der gegebenen Arbeitsbedingungen. Saki Santorelli, Direktor einer amerikanischen Stressklinik, gibt in seinem 1996 im *Engaged Buddhist Reader* erschienen Artikel einige Tipps: Man kann zum Beispiel seine Arbeit uminterpretieren. Santorelli beschreibt, wie Telefonistinnen lernten, ihre Anspannung zu verringern. Sie erhielten die Anweisung, das Läuten des Telefons als ein Signal zu betrachten, das sie aufforderte, tief einzuatmen und die Spannung in den Schultern zu lösen. Erst dann, wenn dies gelungen war, durften sie einen Anruf entgegennehmen. Man kann die Routine der Alltagsbeschäftigungen auflockern, indem man sich einen Augenblick lang das Hier und Jetzt bewusst werden lässt und spürt, wie man sich fühlt und wie man die Anspannung verringern kann. Dies ist eine Art Aufmerksamkeitstraining.

Aufmerksamkeitstraining gegen Stress

Aufmerksamkeitstraining bedeutet, seine Aufmerksamkeit auf das zu lenken, was im eigenen Körper, im Kopf, im Herzen und am Arbeitsplatz geschieht: Man wird sich der Vorgänge in seinem Inneren bewusster. Man nimmt Stress, den die Umgebung erzeugt, besser wahr. Man versucht, seine Reaktion nicht von Angst bestimmen zu lassen, sondern reagiert im Bewusstsein der eigenen Fähigkeiten, den Stress zu bewältigen. Ein Aufmerksamkeitstraining ist mehr als ein Entspannungstraining. Letzteres ist vor allem eine Technik zur Verringerung der Muskelspannungen und den Gefühlen der Aufregung. Ein Entspannungstraining will Spannungen lösen und den körperlichen Erregungszustand reduzieren. Mit Hilfe des Aufmerksamkeitstrainings aber kann man lernen, so entspannt zu sein, dass man es sich leisten kann, angespannt zu sein. Es handelt sich mehr um eine Lebenseinstellung als um eine Technik. Zu dieser Lebenseinstellung gehört auch das Bestreben, die eigene Person zu erforschen, sich selbst als Individuum und in der Wechselwirkung mit der Umgebung zu erkennen.

An anderer Stelle beschreibt Santorelli, wie ein Kollege das Gefühl bekam, sich langsam in einen Sklaven der Uhren zu verwandeln. Seine Aufmerksamkeit gehörte nicht mehr seinen Patienten. Stattdessen sah er ständig auf die Uhr, um festzustellen, wie viel Zeit ihm für all die noch zu erledigenden Dinge blieb. Wie konnte er sich davon befreien?

Der Kollege klebte grüne Ringe auf seine Armbanduhr und betrachtete die grünen Aufkleber als Aufforderungssignal tief einzuatmen und die Spannung in den Schultern und im Nacken zu lösen. In kürzester Zeit hatte sich sein Sprechzimmer in einen Urwald grüner Punkte verwandelt und er wurde sich hundertmal am Tag bewusst, wie er sich fühlte und wie er die Spannung lösen konnte. Es wirkte vortrefflich. Er fühlte sich erheblich ausgeruhter. Auch seine Patienten merkten, dass es ihm besser ging.

Zehn Tipps zum Stressabbau

Diese zehn Tipps sind praktische Schritte, wie man im Beruf Stress abbauen kann. Sie beruhen auf den Ratschlägen Santorellis.

1. Bereiten Sie sich jeden Morgen mindestens fünf Minuten lang auf den Tag vor. Setzen Sie sich hin und achten Sie auf Ihre Atmung, schauen Sie zum Fenster hinaus, lauschen Sie den Geräuschen um sich herum oder gehen Sie gemächlich spazieren.
2. Wenn Sie unterwegs zur Arbeit vor einer Ampel anhalten müssen oder auf Ihren Zug warten, betrachten Sie es nicht als Zeitverlust, sondern benutzen Sie die Zeit, um Ihre Aufmerksamkeit auf Ihre Atmung zu lenken, in die Luft zu schauen oder sich auf Ihr Inneres zu konzentrieren.
3. Wenn Sie eine Pause machen, durchbrechen Sie Ihre Pausengewohnheiten wie Kaffeetrinken oder das Rauchen einer Ziga-

rette und gehen Sie lieber ein bisschen spazieren, laufen Sie die Treppen hinauf und hinunter oder machen Sie ein paar Streck-übungen an Ihrem Schreibtisch.

4. Verändern Sie die Umgebung während der Mittagspause. Gehen Sie mit ein paar netten Kollegen essen, schlendern Sie über den Markt oder erkundigen Sie sich, ob es eine Ausstellung in der Nähe Ihrer Arbeitsstelle gibt. Bleiben Sie während Ihres Spaziergangs auch einmal stehen, zum Beispiel bei einem Straßenmusikanten und hören Sie sich eine Melodie ganz an.

5. Beschließen Sie, die Arbeit zu jeder Stunde für zwei bis drei Minuten zu unterbrechen. Werden Sie sich Ihrer Atmung und der Spannung in den Schultern und im Nacken bewusst. Ordnen Sie Ihre Gedanken.

6. Benutzen Sie Alltagsreize wie das Klingeln des Telefons, das Hinausbegleiten eines Kunden oder das Am-Computer-Sitzen als Aufforderungszeichen, sich auf sich selbst zu besinnen, sich zu konzentrieren, statt unwillkürlich auf diese Reize zu reagieren.

7. Nehmen Sie Ihr Mittagessen ein- oder zweimal in der Woche an einem ruhigen Ort ein. Benutzen Sie die Zeit, um langsam zu essen, zu schmecken und wenden Sie sich sich selbst zu.

8. Denken Sie am Ende des Arbeitstages darüber nach, wie viel Sie getan haben. Loben Sie sich für das, was Sie erreicht haben, und stellen Sie eine Liste der Dinge auf, die Sie morgen tun werden. Sagen Sie sich: „Für heute ist es genug."

9. Gehen Sie gemächlich nach Hause. Nehmen Sie sich Zeit dafür, die Stimmung zu genießen, die Temperatur, die Tatsache, dass Sie wieder im Freien sind. Hören Sie die Geräusche um sich herum, nehmen Sie die Farben wahr, die Blumen oder den Reif an den Ästen der Bäume.

10. Duschen oder baden Sie, wenn Sie nach Hause kommen, oder ziehen Sie sich um. Sorgen Sie für ein Feierabendritual. Nehmen Sie sich Zeit für Ihre Mitbewohner oder Ihre Familie, schauen Sie sie bei der Begrüßung richtig an. Aber nehmen Sie sich auch ein wenig Zeit, um zur Ruhe zu kommen.

Reise durch den Körper

Die folgende Übung (frei nach John Kabat-Zinns *Handbuch der Meditation*) hilft Ihnen, in sich selbst zu ruhen und gleichzeitig Ihrer Umgebung Aufmerksamkeit zu schenken.

1. Setzen Sie sich so bequem wie möglich hin. Beide Füße stehen auf dem Boden. Ziehen Sie die Schuhe aus, wenn sie drücken. Machen Sie es sich bequem.
2. Schließen Sie die Augen, wenn Sie möchten.
3. Spüren Sie, wie sich Ihr Bauch bei jedem Ein- und Ausatmen hebt und senkt. Ein und Aus.
4. Nehmen Sie sich Zeit, Ihren Körper als eine Einheit zu spüren, die vollständig von der Körperhaut umgeben ist. Werden Sie sich bewusst, an welchen Stellen Ihr Körper auf der Unterlage ruht.
5. Lenken Sie Ihre Aufmerksamkeit auf die Zehen des linken Fußes. Versuchen Sie, beim **Ein**atmen bis zu den Zehenspitzen hin zu atmen und stellen Sie sich vor, dass Ihr Atem durch die Nase, den Brustkorb, den Bauch und Ihr linkes Bein hindurch Ihre Zehen erreicht. Beim **Aus**atmen strömt Ihr Atem von den Zehen den Körper hinauf und verlässt ihn durch die Nase. Atmen Sie ein, hin zu den Zehen, und atmen Sie weg von den Zehen durch die Nase aus. Es ist, als ob Ihr Atem eine Reise durch den Körper macht: Das Einatmen führt ihn zu den Zehen, das Ausatmen wieder zurück und zur Nase heraus.
6. Erlauben Sie sich, alles zu spüren, was es in Ihren Zehen zu spüren gibt: ein Kitzeln, Wärme, ein Prickeln. Auch wenn Sie nichts spüren, ist das gut, denn auch „Nichts-Spüren" ist ein Sinneseindruck.
7. Lassen Sie nun Ihre Aufmerksamkeit von den Zehen zur Unterseite des Fußes gleiten. Nehmen Sie sich Zeit, die Fußsohle als eine Einheit zu spüren, die von der Körperhaut umschlossen ist. Werden Sie sich bewusst, wo Ihr Fuß auf der Unterlage ruht.

8. Versuchen Sie beim **Ein**atmen zur Fußsohle hin zu atmen, beim **Aus**atmen weg von der Fußsohle. Wiederholen Sie dies ein paar Mal.

9. Lenken Sie nun Ihre Aufmerksamkeit auf die Zehen des rechten Fußes. Versuchen Sie, beim Einatmen zu den Zehenspitzen hin zu atmen und stellen Sie sich vor, dass Ihr Atem durch die Nase, den Brustkorb, den Bauch und Ihr rechtes Bein hindurch Ihre Zehen erreicht. Beim **Aus**atmen strömt Ihr Atem ausgehend von den Zehen den Körper hinauf und verlässt ihn durch die Nase. Atmen Sie ein, hin zu den Zehen, und atmen Sie von den Zehen weg durch die Nase aus.

10. Lassen Sie nun Ihre Aufmerksamkeit von den Zehen zur rechten Fußsohle gleiten. Nehmen Sie sich Zeit, die Fußsohle als eine Einheit zu spüren, die von der Körperhaut umschlossen ist. Werden Sie sich bewusst, wo Ihr Fuß auf der Unterlage ruht.

11. Atmen Sie zur Fußsohle hin ein, atmen Sie von der Fußsohle weg durch die Nase aus. Folgen Sie dem Luftstrom zur Fußsohle und von der Fußsohle zur Nase.

12. Wenn Sie merken, dass Sie abgeschweift sind, lenken Sie Ihre Aufmerksamkeit einfach wieder zurück auf Ihre Atmung und auf den Körperteil, auf den Sie sich konzentriert hatten.

13. Atmen Sie nun dreimal zu beiden Füßen hin ein und atmen dann von den Füßen weg wieder aus.

14. Und jedes Mal, wenn Sie sich sagen: „Entspanne dich!", kehrt dieses Gefühl der Entspannung wieder.

15. Während Sie nun von fünf bis eins rückwärts zählen, kommen Sie langsam mit Ihrer Aufmerksamkeit zurück in diesem Raum. Bei „Eins" recken Sie sich, zwinkern mit den Augen und sind wieder ganz da. Fünf, vier, drei, zwei, eins.

Sie können diese Übung auch erweitern und alle Körperteile einbeziehen. Diese ausführliche Version dauert ungefähr eine Dreiviertelstunde.

Tag 23

Gerümpel? Weg damit!

Zu Hause sein, einen Platz für sich allein haben. Das wird lebenswichtig, wenn man einmal ausgebrannt ist. Kümmern Sie sich daher als Erstes darum, dass es in Ihrer Wohnung oder in Ihrem Haus mindestens einen Raum gibt, wo Sie sich gerne aufhalten und nicht von allerlei Dingen abgelenkt werden, die nur darauf warten, aufgeräumt oder erledigt zu werden. Ein aufgeräumtes Zimmer – oder auch die Wohnküche, das Bastelzimmer oder eine gemütliche Ecke im Flur. Besitzen Sie keinen solchen Raum? Machen Sie einen Rundgang durch die Wohnung. Welcher Raum „gehört" Ihnen am meisten? Nehmen Sie ihn ganz in Besitz: Räumen Sie ihn auf und richten Sie ihn sich so ein, dass Sie sich hier vollkommen wohl fühlen, dass Sie ganz bei sich sein können, ohne etwas zu müssen.

Irgendwo anfangen

Den Alltag in Ordnung bringen – das ist nicht leicht. Wenn Sie sich richtig gut fühlen, ist das oft schon keine Kleinigkeit. So richtig schwierig wird es aber, wenn man ausgebrannt ist. Auf dem Schreibtisch am Arbeitsplatz stapelt sich die Post, aber auch zu Hause ist der Schreibtisch mit allen möglichen Dingen überhäuft, die man noch lesen muss. Manchmal stehen sogar die Umzugskartons noch in einer Ecke. Ein Burnout-Syndrom wird oft von kognitiven Problemen begleitet, das heißt, dass es einem schwer fällt, sich zu konzentrieren, dass man mehr vergisst als früher und nicht mehr zwei Dinge gleichzeitig tun kann. Man kann sich Namen nicht mehr so gut merken und es fällt einem schwer, die Aufmerksamkeit zu steuern. Entscheidungskraft und Planungsvermögen haben sich verringert. Man ist leicht abgelenkt und Pläne scheitern mitten in der Ausführung, weil das Ziel aus den Augen geraten ist.

Wenn um Sie herum Unordnung herrscht, wird es schwierig zwischen Ursache und Wirkung zu unterscheiden. Was war zuerst da: das Ei oder die Henne? Ist die Unordnung so groß, weil Sie sich nicht konzentrieren können, oder können Sie sich wegen der Unordnung nicht konzentrieren? Wie auch immer Sie diese Frage beantworten, irgendwann kommt der Augenblick, dass Sie mit dem Aufräumen anfangen müssen.

Sobald Sie den Entschluss gefasst haben, sich um Ihre Umgebung zu kümmern, haben Sie den ersten, schwierigsten Schritt eigentlich schon getan. Wenn Sie sich aber dann überlegen, was Sie alles tun müssen, kann es Ihnen leicht passieren, dass Sie der Mut wieder verlässt. Betrachten Sie es einmal von der anderen Seite:

Versetzen Sie sich in Gedanken in die Zukunft. Stellen Sie sich vor, ein bis drei Monate sind vergangen. Denken Sie sich ein Datum aus. Zu diesem Zeitpunkt werden Sie Ihr Haus aufgeräumt und neu mit Dingen, die Ihnen wirklich gefallen und die Sie brauchen, eingerichtet haben. Wie sieht es dann aus? Und wie fühlen Sie sich dann? Ein angenehmes Gefühl? Ein aufgeräumtes Gefühl? Was haben Sie alles getan, um das zu erreichen? Wo genau haben Sie angefangen? Welchen Schwierigkeiten sind Sie begegnet und wie haben Sie diese Probleme gelöst? Haben Sie es alleine getan oder in der netten Gesellschaft eines Freundes oder einer Freundin, die Ihnen Mut gemacht haben? An wen mussten sie sich wenden, um die schwierigeren Arbeiten zu erledigen? Was haben Sie dafür weggelassen? Was haben Sie anders gemacht als früher? Welche alten Angewohnheiten haben Sie verändert?

Sie werden merken, dass „Platz" herrlich ist! Sie werden spüren, wie angenehm es ist, Sachen schnell finden zu können. Und Sie werden den schönen Schreibtisch genießen, der unter all dem Gerümpel wieder zum Vorschein gekommen ist.

Spannen Sie Ihre Hormone ein

Stresshormone beeinflussen unsere Aufmerksamkeit. Ein zu hohes Erregungsniveau, mit anderen Worten ein Zustand, bei dem der Körper viel Adrenalin bildet, führt zu Bewusstseinsverengung. Ein zu niedriges Erregungsniveau, bei dem der Kreislauf des Überträgerstoffes Dopamin aus dem Gleichgewicht geraten ist, führt dazu, dass man träger reagiert und mehr Fehler macht. Wenn das Erregungsniveau zu niedrig ist, fühlt man sich wie ein Zombie. Man reagiert zwar, aber meist träge. Das Erregungsniveau kann im Laufe des Tages zunehmen und man fühlt sich besser. Was möglicherweise auch hilft, ist Sport, denn er regt die Produktion von Adrenalin und Endorphin an. Das Treppenhaus wischen ist auch eine Art körperlicher Ertüchtigung. Putzen kann (aber muss nicht) sehr befriedigend sein. Benutzen Sie den inneren Antrieb, den Sie spüren, und – wenn Sie Lust haben – tun Sie es.

Viele Frauen haben an einem bestimmten Zeitpunkt in ihrem Monatszyklus – oder sogar im Frühling – einen schier unbeherrschbaren Putz- oder Nestbautrieb. Nutzen Sie das – aber übertreiben Sie es nicht.

Planen Sie Aufgaben, die Ihnen lästig sind, nicht für das Tagesende ein, sondern erledigen Sie sie, solange Sie noch verhältnismäßig frisch sind. Erledigen Sie Routinearbeiten, wenn Sie nicht soviel Energie haben. Verlangen Sie sich nicht zu viel ab, fangen Sie zum Beispiel damit an, eine Viertelstunde an einer Kleinigkeit zu arbeiten. Nehmen Sie sich nicht vor, gleich den ganzen Dachboden aufzuräumen. Denn dafür werden Sie am nächsten Tag büßen müssen. Hören Sie auf jeden Fall auf, bevor Sie alle Energie verbraucht haben. Unternehmen Sie nach der Anstrengung etwas Entspannendes.

Zu guter Letzt: Seien Sie nicht perfektionistisch! Kümmern Sie sich darum, dass Ihre häusliche Umgebung gemütlich und wohnlich ist – und dass es auch an Ihrem Arbeitsplatz auszuhalten ist. Ihren *eigenen* Maßstäben entsprechend. Wenn Sie unordentlich sind, akzeptieren Sie dann, dass es bei Ihnen niemals so untadelig aussehen wird wie bei Ihrer Schwägerin oder Ihrem akkuraten

Bruder. Lassen Sie sich nichts einreden, auch nicht von Ihrer Mutter. Es ist *Ihre* Wohnung.

Herrlich aufgeräumt!

Saskia Zonderland ist „Professional Organizer". Ihr Beruf besteht darin, bei anderen Menschen aufzuräumen und einzurichten, sowohl Privatwohnungen als Büros. Die folgenden Tipps stammen von ihr. Erst kommen allerlei Ratschläge für zu Hause, dann folgen Hinweise zum Aufräumen am Arbeitsplatz. Sie verrät auch, wie man das Erreichte aufrechterhält.

Wie räume ich mein Haus/meine Wohnung auf?

- Gewöhnen Sie sich (wieder) an, alles was Sie irgendwo herausgeholt oder benutzt haben, auch wieder zurückzulegen. Machen Sie außerdem einen Rundgang durch Ihre Wohnung und richten Sie sie wieder ein bisschen her. Stecken Sie sich jedes Mal ein bestimmtes Ziel: ein Brett im Regal oder einen Schrank oder ein Zimmer aufräumen? Mehr oder weniger zu tun, ist natürlich auch erlaubt. Wichtig ist, dass es überschaubar bleibt. Stellen Sie vor allem nicht alles gleichzeitig auf den Kopf!
- Tauschen Sie Sommer- und Winterkleidung aus, damit Ihr Schrank und Ihre Garderobe nicht überquellen. Überprüfen Sie dabei, wann Sie ein Kleidungsstück zum letzten Male getragen haben. Ist das länger als ein Jahr her? Passt es noch? Machen Sie sich nichts vor, diese Mode ist unwiderruflich vorbei. Sehen Sie die Lebensmittelvorräte durch Wie sieht es mit den Haltbarkeitsdaten aus? Ist die Spüle übervoll? Räumen Sie sie wieder leer. Ordnen Sie Ihre Accessoires und bewahren Sie sie in durchsichtigen Kunststoffbehältern auf. Stellen Sie Ihre schöne Sammlung in einen staubfreien Glasschrank. Sehen Sie Ihren Bücherschrank durch: Bei welchen Büchern lohnt es sich noch, sie aufzuheben. Welche möchten Sie loswerden (um Platz für Ihre

neuen zu schaffen)? Stellen Sie einen Korb in den Eingang, in den Sie unnütze Wurfsendungen und Prospekte werfen können, oder kleben Sie einen Aufkleber gegen unerwünschte Reklame an Ihren Briefkasten. Reparieren Sie defekte Gegenstände oder werfen Sie sie weg. Bringen Sie Urlaubsgegenstände (Koffer oder Rucksäcke, Wander-, Fahrrad-, Camping- und Skizubehör) auf den Dachboden oder in den Keller. Bewahren Sie alles so auf, dass das, was zusammengehört, am gleichen Platz steht. Beschriften Sie Schachteln.

- Manchmal muss man etwas wirklich wegwerfen, aber manche Dinge kann man auch verkaufen oder in einen Secondhand-Laden bringen. Vor allem (Kinder-)Kleidung und Büchern kann man so ein zweites Leben geben. Vielleicht können Sie auch jemandem eine Freude damit bereiten oder Sie haben Lust, es auf einem Flohmarkt zu verkaufen. Nutzen Sie die Altkleidersammlung.

Aufgeräumter Schreibtisch

An den Arbeitsplatz zurückgekehrt? Auch Ihr Arbeitsplatz muss so eingerichtet sein, dass ein angenehmes und effizientes Arbeiten möglich ist und dass Sie andere Menschen empfangen können. In Büros ohne feste Arbeitsplätze, in denen man seinen Computer überall anschließen kann, hat man keine Wahl: Gegen Feierabend muss man seinen Schreibtisch völlig leer hinterlassen. Das geht vielleicht zu weit, wenn man einen eigenen Schreibtisch hat, aber Sie könnten damit anfangen, Ihren Arbeitsplatz jede Woche aufzuräumen, am besten bevor die Putzkolonne kommt. Dann können Sie sich wenigstens sicher sein, dass Ihr Arbeitsplatz wirklich gereinigt wird.

Sorgen Sie dafür, dass auf dem Schreibtisch und um ihn herum Platz ist. Teilen Sie Ihren Schreibtisch anders ein – und geben Sie ihm eine persönliche Note. So hatte ein Unternehmensberater, der Single ist, mitten auf seinem Schreibtisch ein Foto seiner Katze stehen. Sehen Sie jede Woche alle Stapel durch. Was ist erledigt? Was kann weg? Haben sich die Prioritäten geändert – und sind die Papiere in der entsprechenden Reihenfolge geordnet? Prüfen Sie die folgenden Punkte:

- Was muss ich aufbewahren (zum Beispiel für das Finanzamt, für den Auftragsordner, die Korrespondenzmappe)?
- Sind diese Papiere wirklich noch relevant oder aktuell?
- Ist es nützlich, dieses Papier noch einmal zu lesen?
- Werde ich dieses Stück Papier noch lesen? Wenn ja, wann und wo? Zu Hause, unterwegs, im Zug oder hier im Büro? Und kann es danach weggeworfen oder weitergegeben werden?
- Wird diese Information an einem anderen Ort innerhalb der Organisation schon aufbewahrt? Habe ich das doppelt?
- Muss ich diesen Gegenstand griffbereit (auf meinem Schreibtisch) haben? Das ist nur dann der Fall, wenn man ihn tagtäglich braucht!

Tipps für die Schreibtisch-Schubladen

Die meisten Schreibtische haben Schubladen. Falls Ihr Schreibtisch keine hat, verfügen Sie wahrscheinlich (teilweise) über einen Aktenschrank. Es folgen ein paar Tipps, wie Sie den zur Verfügung stehenden Platz einteilen können:

- Lassen Sie die oberste Schublade leer. Dann können Sie dort alles, woran Sie an diesem Tag gearbeitet haben, auf einmal aufräumen, wenn Sie weggehen. Sollten Sie irgendwann in höchster Eile aufbrechen müssen, können Sie alles im Handumdrehen in diese Schublade hineinschieben. Am nächsten Tag finden Sie alles wieder: Kalender, Notizbuch und die gesamte Akte, an der Sie gerade arbeiten.
- Richten Sie die zweite Schublade mit einem übersichtlichen Ablagesystem ein, das so konstruiert ist, dass die einzelnen Fächer zueinander versetzt sind und der Inhalt gut sichtbar ist. Hier können Sie Formular-Vorlagen oder Briefpapier, das Sie oft benut-

zen, aufbewahrt werden. Aber auch Klarsichtmappen, die alle Unterlagen enthalten, die Sie für ein Meeting oder eine Besprechung brauchen bzw. die zu einem Projekt gehören.

● Benutzen Sie die dritte Schublade für den Rest der Dinge, die Sie regelmäßig benutzen. Diese Schublade ist meistens hoch genug für Hängemappen. Legen Sie für jedes Projekt oder jede Ihrer Aufgaben eine eigene Hängemappe an. Archivieren ist dann kein Kunststück mehr: Ist der Auftrag erledigt und der Vorgang abgeschlossen, können Sie die Hängemappe herausholen und ins Archiv bringen (lassen).

Die Kunst einen Terminkalender zu verwalten

Nehmen Sie Ihren Terminkalender zur Hand und schlagen Sie ihn auf. Schauen Sie sich an, was in ihm steht. Nehmen Sie einmal an, es sei nicht Ihr eigener Kalender, sondern der von irgend jemand anderem, vielleicht von einem Kollegen oder einem Freund. Lesen Sie sich vor, was in diesem Kalender steht. Sind es Aufzählungen von Aufgaben, ist es also vor allem eine Liste dessen, was getan werden muss? Oder ist es ein Aufbewahrungsort für einzelne Notizen? Geht es um kurze Aufzeichnungen und sieht es eher wie ein Notizbuch oder eine Tagebuch aus? Ist einigermaßen zu erkennen, was wann stattfindet oder geschehen muss? Benutzen Sie Ihren Kalender zum Planen:

● Notieren Sie die Anfangs- und Endzeit eines Termins, und berücksichtigen Sie dabei die eventuelle Fahrtzeit.

● Schreiben Sie außer Terminen auch andere Dinge auf, wie etwa Telefongespräche führen, ein unangenehmes Problem untersuchen, einen Text schreiben. Planen Sie dafür ein paar Stunden ein und halten Sie sich an diese „Vereinbarung mit mir selbst".

● Schreiben Sie mit Bleistift, dann können Sie Änderungen leichter und ordentlicher eintragen und Ihr Kalender bleibt übersichtlich. Oder benutzen Sie einen elektronischen Terminplaner.

● Wenn Sie den Terminkalender mit Ihren Teamkollegen abstimmen müssen, legen Sie einen täglichen Zeitpunkt fest, an dem Sie die letzten Änderungen in den gemeinsamen Terminkalender im internen Netzwerk eintragen. In diesem Falle ist ein elektronischer Terminplaner so richtig effizient!

Bitte um Unterstützung

Graut es Ihnen davor, mit dem Aufräumen anzufangen? Sie brauchen es nicht alleine zu tun. Bitten Sie jemanden in Ihrer Umgebung, Ihnen zu helfen, selbst wenn es nur darum geht, Ihnen über die Hemmschwelle zu helfen. Eine andere Möglichkeit ist, sich die Hilfe eines „Professional Organizers" zu gönnen. Das ist ein professioneller Aufräumer! Ein „Professional Organizer" kann helfen,

● wenn man sehr viel aussortieren muss,
● wenn man die Dinge von Grund auf ändern will,
● wenn die Anwesenheit einer neutralen Person nützlich ist (bei der Verteilung des Hausrates im Falle einer Erbschaft oder einer Scheidung).

Der „Professional Organizer" besitzt viel Erfahrung im Aufräumen und Einrichten und hilft bei Entscheidungen.

Belohnen Sie sich!

Legen Sie für sich selbst fest, wie viel Zeit Sie wöchentlich darauf verwenden wollen, Ihren Lebensbereich aufzuräumen und gemütlicher zu machen. Planen Sie täglich eine Aufräumarbeit und bauen Sie langsam darauf auf. Führen Sie die Arbeiten bewusst, mit Aufmerksamkeit und Freude aus. Genießen Sie das Erreichte. Belohnen Sie sich mit einem Blumenstrauß oder einer Zeitschrift.

Tag 24

Der Chef ausgebrannt?

In der Mittagspause kommt es endlich zur Sprache. Die Abteilung weiß sich keinen Rat mehr mit ihrem Abteilungsleiter, Paul Kling, der heute zur allgemeinen Erleichterung einen Tag freigenommen hat. Maria von Stein, die Chefsekretärin, fasst das Problem zusammen: „Paul Kling hat sich in letzter Zeit sehr verändert. Er ist furchtbar reizbar. Neulich sagte er: ‚Ihr habt alle Aktionen versaut.‘ Und: ‚Mit euch ist nichts anzufangen.‘ Das ist uns gegenüber unfair." Paul Kling verlässt die Abteilung zum 1. Januar; es kommt also ein neuer Chef. Maria von Stein: „Jetzt, da er geht, hat er sich in den Kopf gesetzt, einen schlechten Eindruck zu hinterlassen, damit der neue Chef einen leichteren Stand hat. Tja …" Paul Klings Verhalten ist allen Mitarbeitern sehr unangenehm, das Arbeitsklima leidet darunter. Zuerst kamen alle mit ihm als Chef gut aus, aber das ist jetzt völlig anders.

Paul Klings negative Bemerkungen sind tatsächlich alles andere als motivierend. Es ist, als habe er selbst die Motivation verloren und als könne er sich nicht mehr von seiner guten Seite zeigen. Er versucht es auch gar nicht mehr, da er ja doch weggeht. In diesem Falle ist es gut, dass die Mitarbeiter diese negative Einstellung ihres Chefs besprechen, und, dass sie alle der Meinung sind, es sei Paul Klings Problem. Auch wenn sie unter dem verschlechterten Arbeitsklima leiden, machen sie es nicht zu ihrem eigenen Problem. Es ist ihr gutes Recht, sich über seine Bemerkungen zu ärgern. Solange er noch Abteilungsleiter ist, ist er nicht aus seiner Verantwortung entlassen.

Negative Kritik umdrehen

Wenn sich Ihr Vorgesetzter häufig negativ über Sie äußert, ist es besonders wichtig, dass Sie Ihr Selbstwertgefühl nicht von seiner oder ihrer Anerkennung abhängig machen. Gleichzeitig möchten Sie natürlich ein angenehmes Arbeitsklima haben. Im Fall von Paul Kling wussten alle, dass innerhalb einer absehbaren Zeit ein neuer Chef kommen würde. Aber wenn dem nicht so ist, was kann man dann tun, ohne es zum eigenen Problem werden zu lassen? Das eigene Verhalten kann man beeinflussen, aber das Verhalten eines anderen nicht. Jedenfalls nicht unmittelbar und schon gar nicht, wenn es um das ungleiche Machtverhältnis von Vorgesetzten und Mitarbeitern geht. Wollen Sie Ihrem Chef wirklich helfen und die Zusammenarbeit fördern, versuchen Sie es mit dieser Strategie: Verabreden Sie mit Ihren Kollegen und Kolleginnen, nur noch positiv auf ihn zu reagieren. Loben Sie ihn, sagen Sie, wie toll es sei, dass er es mit Ihnen ausgehalten habe. Einfach sei das natürlich nicht gewesen, schon allein angesichts Ihrer Inkompetenz. Trotz dieser erheblichen Mängel habe er aber dennoch gute Ergebnisse erzielen können. Außerdem gelinge es ihm als Chef, von Ihnen geschätzt zu werden. Nennen Sie auch die erreichten Ergebnisse. Kurz und gut, überhäufen Sie ihn mit Anerkennung. Diese Strategie sieht aus wie ein eigenartiger Umweg, sie bietet aber dem Vorgesetzten einen Ausweg aus einem negativen Führungsstil, und zwar ohne Gesichtsverlust.

Wenn einmal das Arbeitsklima zu wünschen übrig lässt und ein neuer Vorgesetzter seine Stelle antritt, hat das Team die Gelegenheit, einen neuen Anfang mit ihm zu machen. Dieser Neuanfang gelingt noch besser mit einem gemeinsamen Training (einschließlich dem neuen Chef) über den Umgang mit Arbeitsstress. Während eines solchen Trainings lernen Sie die gegenseitigen Reaktionsweisen schon kennen, und zwar noch außerhalb der eigentlichen Berufssituation.

Schwierige Vorgesetzte (w/m)

In der Unternehmenskultur vieler Betriebe gilt ein Burnout-Syndrom noch als Schwäche (während sie das gerade *nicht* ist). In einer solchen Umgebung wird man den Chef nicht einfach so fragen, ob es sein könnte, dass er ein Burnout-Syndrom hat. Man kann dieses Thema jedoch auch durch die Blume anschneiden. Auf jeden Fall aber kann man sein eigenes Verhalten verändern. Ein Burnout-Syndrom entsteht nämlich oft aus mangelnder gegenseitiger Anerkennung. Wenn man der oben genannten Strategie der Komplimente folgt, erkennt man letztendlich auch sich selbst an. Der Königsweg „Anerkennung des Vorgesetzen" läuft hierauf hinaus. Auf diese indirekte Weise endet die Abhängigkeit von seiner Anerkennung. Indem man ihn anerkennt, erweitert man seinen Spielraum, um zu einer positiveren Einstellung zu finden. Zugegebenermaßen ist Zusammenarbeit mit manchen Vorgesetzten kaum möglich. Dann geht es ums Überleben und darum, sich auf die eigenen Ziele zu konzentrieren und nicht selbst überreizt oder ausgebrannt zu werden.

Rainer Krause war als Sozialarbeiter in einer Firma tätig. Er hatte eine Chefin, die ihn nicht mehr losließ. Sogar nachts träumte er von ihr. Er wachte dann verschwitzt und voller Angst auf. Er fand, sie bemuttere ihn und lasse ihm keinen Freiraum. Wenn sie, wohlwollend, ihren Arm um seine Schulter legte, war er wie gelähmt. Aber sie behandelte ihn auch wie ein verwöhntes Kind und nahm nicht zur Kenntnis, dass er gern auch andere Aufgaben übernehmen wollte. Rainer Krause zog sich immer mehr zurück und wurde mit der Arbeit nachlässig, weil er der Kontrolle seiner Chefin soweit wie möglich entgehen wollte. Aber das wirkte sich umgekehrt aus, ihre kontrollierenden Bemerkungen („Warum kommst du so spät zur Arbeit? Kann Ihre Frau Ihr Kind nicht in den Kindergarten bringen?") wurden nur noch eindringlicher.

Aber was den einen an seinem Chef stört, muss ein anderer Mitarbeiter nicht unbedingt ebenfalls als störend empfinden. Manche der Kollegen vertrugen sich ausgezeichnet mit ihr. Für sie war die

Chefin ein warmer und herzlicher Mensch. Sie schätzten es, dass sie immer Gebäck zu den Versammlungen mitbrachte und die Betriebsausflüge sorgfältig vorbereitete. Seine Abscheu teilten sie nicht.

Das Einmaleins der Vorgesetzten

Tineke Aarts und Carien Verhoeff unterscheiden in ihrem Buch *Leven met je baas* („Mit dem Chef auskommen") sechs Typen von Vorgesetzten (männliche wie weibliche). Der *effiziente* Vorgesetzte ist ein Fachmann und kann gut delegieren. Man erkennt diesen Chef an der Frage „Was hält Sie davon ab?" Manche finden, der effiziente Chef zeige zu wenig Anteilnahme und Fürsorge. Der *kooperative* Chef ist dagegen ausgesprochen fürsorglich, aber er neigt dazu, die Mitarbeiter zu bevormunden, jene Haltung also, die Rainer Krause auf die Palme brachte. Einerseits kontrolliert der kooperative Chef, andererseits feiert er die Erfolge überschwänglich. Sein typischer Satz heißt: „Gemeinsam schaffen wir das mit Leichtigkeit." Der *unberechenbare* Chef verbreitet Angst um sich herum, weil er launisch ist und seine Reaktionen nicht vorhersagbar sind. Er kann einfach so aus der Haut fahren und sagen: „Das hätte ich nicht von Ihnen erwartet." Der *verkrampfte* Chef ist der perfektionistische Chef. Nichts ist gut genug, es könnte immer noch besser sein. Er kann Erfolge nicht genießen, sondern ist schon mit dem nächsten Projekt beschäftigt. Der für ihn typische Satz lautet: „Das sollten *Sie* doch erledigen!" Schließlich gibt es noch den *gleichgültigen* Chef. Er ist der Typ, der gutangezogen ist, der gerne ausgeht und ins Fitnessstudio geht. Sein typischer Satz lautet: „Man darf den Bogen nicht überspannen." Man trifft ihn oft auf Empfängen mit einem Glas in der Hand. Ein eher Untätiger, aber ein guter Networker.

Jeder dieser Typen hat seine guten und schlechten Seiten. Es geht schief, wenn Sie allergisch gegen die schlechten Seiten Ihres Chefs sind. Wegen Ihrer eigenen Verärgerung zeigen Sie sich ebenfalls von Ihrer schlechten Seite. So fand Rainer Krauses kooperative Chefin, er sei faul und gleichgültig, und ließ ihn noch weniger in Ruhe.

Analysieren Sie die Zusammenarbeit

Wie sieht Ihre berufliche Situation aus? Beantworten Sie folgende Fragen:

Was kann mein Chef/meine Chefin gut? Was werfe ich ihm/ihr vor? Was könnte ihm/ihr helfen, seine/ihre Zuflucht nicht zu seinen/ihren schwachen Seiten nehmen zu müssen? Wogegen ist er/sie allergisch?

Wenn Sie diese Fragen beantwortet haben, können Sie die Kernquadranten Ihres Chefs/Ihrer Chefin beschreiben (siehe Tag 18). Legen Sie diese neben Ihre eigenen und ziehen Sie die Konfliktachse. Welche Eigenschaften müssen Sie einsetzen, um besser mit Ihrem Chef/Ihrer Chefin umgehen zu können? Machen Sie sich bewusst, dass Sie Wahlmöglichkeiten haben. Vielleicht können Sie innerhalb des Betriebs die Stelle wechseln oder vielleicht auch einen anderen Arbeitgeber suchen. Oder sich selbständig machen.

Tipp: Lassen Sie das Burnout-Risiko des Betriebes messen

Mehr als die Hälfte des Risikos für ein Burnout-Syndrom wird vom Betrieb verursacht. Es kann sich um mangelhafte Führung, zu hohe Arbeitsbelastung, schlechtes Betriebsklima, mangelnde Eigenverantwortung, beschränkte Aufstiegsmöglichkeiten, schlechte Arbeitsbedingungen, einen unzulänglichen Arbeitsplatz oder mangelnde Lösungsmöglichkeiten handeln.

Einen Bewusstwerdungsprozess bezüglich Stressmanagement im Allgemeinen und spezifischer Risikofaktoren des Betriebes im Besonderen können Sie in Gang setzen, indem Sie mit Ihrem Chef, der Personalabteilung, dem Vertrauensarzt oder dem Betriebsrat den Gedankengang besprechen und darum bitten, die Organisation anhand eines Fragebogens, des sogenannten Burnout-Barometers, zu durchleuchten. Mit ihm untersucht man die Effektivität des Einzelnen, den Führungsstil, den Arbeitskontext, den Kontext der Organisation, Personalführung und berufliche Mobilität, Betriebskultur und gesellschaftliche Sinngebung. Die Ergebnisse der Untersuchung bieten einen konkreten Rahmen für Maßnahmen.

Tag 25

Trauen Sie sich zu streiten

Konflikte werden häufig nicht offen ausgetragen, sondern spielen sich verdeckt ab. Es entsteht ein gespanntes Verhältnis zu Ihrem Chef und böse Gesichter bei den Kollegen, wenn Sie jeden Tag früher weggehen müssen, um Ihr Kind bei der Kindertagesstätte abzuholen. Das Gleiche geschieht, wenn Sie zusätzliche Arbeit ablehnen oder wenn Sie einen unpopulären Standpunkt in einer Besprechung vertreten. Oder wenn Ihr Chef Ihnen das Gehalt kürzt, während andere, mit denen er regelmäßig zu Mittag isst, eine Gehaltserhöhung bekommen. Vielleicht äußern Sie Ihre Kritik an Ihrem Chef nicht, weil Sie sich vor ihm fürchten oder weil Sie ihn nicht verletzen wollen. Das nagt an Ihnen und es wäre besser, Sie fänden einen Weg, Ihre Unzufriedenheit zum Ausdruck zu bringen. Sonst macht es Sie buchstäblich krank. Das widerfuhr einer Sozialarbeiterin, die sich mit der Warteliste der Sozialeinrichtung sehr schwer tat. Sie fand es unglaublich, dass Familien mit den größten Problemen wie zum Beispiel Kindesmissbrauch Monate auf einen Termin warten mussten. Im Grunde fand sie, dass sich der Verantwortliche bei der Gemeinde nicht in ausreichendem Maß für mehr Geld einsetzte, um der Warteliste den Kampf anzusagen. Sie fühlte sich allein gelassen und den Menschen auf der Warteliste gegenüber verantwortlich, die sie aus ihrer Sicht heraus im Stich ließ. Diese Mitarbeiterin bekam durch die ständig erlebte Ohnmacht schließlich ein Burnout-Syndrom und wurde erwerbsunfähig.

Streiten als soziale Kompetenz

Gespannte Verhältnisse können das Betriebsklima krank machen. Berufliche Konflikte führen allzu häufig in die Erwerbsunfähigkeit, wenn die Betroffenen nicht gelernt haben, richtig zu streiten. Das sollte man aber können, und zwar schon lange bevor man fast ausgebrannt ist. Richtig streiten ist eine soziale Fähigkeit, die man erlernen kann. Es ist eine Kommunikationsform. Richtiges Streiten liegt auch im Interesse einer Arbeitsorganisation. Untersuchungen belegen, dass Arbeitsorganisationen, in denen Raum zum Streiten geboten wird, besser funktionieren als solche, in denen die Menschen jeden Streit vermeiden. Unabdingbar ist jedoch, dass gelacht werden darf und dass es im Streit um Dinge und nicht um Personen geht. Konflikte sind notwendig, um aufmerksam und lebendig zu bleiben. Organisationen, in denen Streit nicht gedeiht, zeichnen sich nicht durch Harmonie, sondern durch Apathie aus: Auseinandersetzungen geht man aus dem Wege, alle vertreten die gleiche Meinung oder entziehen sich ihrer Verantwortung. Für ein Unternehmen, das sich auf dem Markt behaupten will, ist das natürlich fatal. Wo wenig gestritten wird, werden schlechte Entscheidungen getroffen.

Grundbedingungen, um streiten zu können

Unternehmen, in denen gut und richtig gestritten werden kann, erfüllen bestimmte Voraussetzungen: Die streitenden Parteien kennen sich im strittigen Thema gut aus und entwickeln verschiedene Ansätze für die Diskussion. Weiter ist das Machtverhältnis ausgewogen. Probleme werden gelöst, ohne dass Übereinstimmung angestrebt wird. Was dabei ins Auge springt, ist Folgendes: Wo richtig gestritten wird, wird auch viel gelacht. Über Organisationen, in denen nicht richtig gestritten wird, liegt oft gleichsam ein Schleier von Unbestimmtheit. Ein Unternehmen hat zum Beispiel zu wenige betriebseigene Parkplätze, was zu einem Dauerthema im Betrieb geworden ist. Die Unternehmensführung möchte nur noch einem Teil der Mitarbeiter einen Parkplatz zuteilen. Es kommt zu einer Eskalation, noch bevor klar ist, nach welchen Kriterien bestimmt werden soll, welche Mitarbeiter für die Ausübung der Tätigkeit ein Auto brauchen. Damit eine Auseinandersetzung gut verlaufen kann, muss als Erstes geklärt werden, worum es geht und was die Interessen jedes Einzelnen sind. In obigem Beispiel ist es im Interesse des Managements, dass keine zusätzliche Parkplatzfläche gemietet werden muss. Die Arbeitnehmer möchten den Arbeitsplatz bequem erreichen können. Wenn die Führungskräfte und die Mitarbeiter das Thema besprechen, ist es wichtig, dass alle über die Analyse und die Art des Problems der gleichen Meinung sind. Dann kann man die Alternativen, wie das Problem gelöst werden kann, besprechen. Können Mitarbeiter, die sich organisieren und in einem Auto kommen, begünstigt werden oder sollen zusätzliche überdeckte Abstellplätze für Fahrräder eingerichtet werden? Sind die Möglichkeiten der Telearbeit schon völlig ausgeschöpft? Unverzichtbar ist, dass die Führung nicht nur eine Wahl trifft, die von vielen Menschen unterstützt wird, sondern auch auf die Qualität des Beschlusses achtet und sich dafür einsetzt. Sie muss ganz und gar zu dem Beschluss stehen können und nicht aus Sorge eine bestimmte Entscheidung treffen. Mitarbeiter können eine Entscheidung respektieren, auch wenn sie selbst anderer Meinung sind. Respekt entsteht oft, wenn Verfahren und Kommunikation gut sind. Wurde in einem offenen und ehrlichen Verfahren ein Beschluss gefasst, können diesen auch diejenigen Mitarbeiter loyal mittragen, die nicht gänzlich mit ihm einverstanden sind.

Durch Streiten lernen

Man kann sich noch so sehr um Mitbestimmung und eine demokratische Entscheidungsfindung bemühen – nicht immer ist es machbar, alle bei jeder Entscheidung zu hören. Das gilt vor allem in Branchen, in denen viele Mitarbeiter in Teilzeit arbeiten. Wenn die Firmenleitung etwas einseitig beschließt, sollte sie den Beschluss sorgfältig darlegen. Zeigen Sie als Führungskraft, dass Sie sich mit Ihren Mitarbeitern verbunden fühlen, geben Sie Erklärungen ab und stellen Sie klar, was Sie von ihnen erwarten. Verbundenheit heißt unter anderem, dass die Interessen aller Beteiligten respektiert werden und dass die Mitarbeiter angeregt werden, kritisch zu sein und sich zu engagieren. Erläutern Sie alle Entscheidungen. Auch Entscheidungen, die ein positives Echo finden, sollten erläutert werden.

Menschen weichen Streit oft aus, weil Streiten in hohem Maße Gefühle hervorruft. Streit kann man aber auch anders auffassen: als das Aufeinandertreffen unterschiedlicher Arten zu denken. Versuchen Sie Meinungsunterschiede auf Unterschiede in der Art zu denken zurückzuführen und sie nicht als Unterschiede in der Persönlichkeit aufzufassen. Wenn jemand anderer Meinung ist, ist er deshalb noch nicht schlecht, dumm oder stur.

Psychologische Modelle unterscheiden zwischen verschiedenen Arten zu denken (kognitive Stile). Ein bekanntes Beispiel ist der Unterschied zwischen der linken und der rechten Hirnhälfte. Die rechte Hirnhälfte ist Trägerin des schöpferischen und ganzheitlichen Denkens und des Denkens in Bedeutungszusammenhängen. Die linke Hirnhälfte ist für das analysierende, technische und logische Denken verantwortlich. Ein analytischer Denker überzeugt einen visionären Denker nicht mit seinem Zahlenmaterial, und umgekehrt vermögen die großen Entwürfe des Visionärs den Analytiker nicht für sich einzunehmen. Ohne ihre Art zu denken ändern zu müssen, können beide dennoch lernen, anders über die Unterschiede im Denken zu reden. Lernen sie das nicht, dann ist die Wahrscheinlichkeit groß, dass der eine als Traumtänzer und der andere als Bürokrat beschimpft wird. Dadurch aber wird die Auseinandersetzung persönlich und schwindet die Chance einer gemeinsamen Lösung.

Ohne Streit kein Preis!

Halten Sie sich bloß nicht an die Goldene Regel „Was du nicht willst, das man dir tu', das füg' auch keinem andern zu!". Nehmen Sie die Unterschiede an, gehen Sie in die Auseinandersetzung und wählen Sie dann die beste Idee. Arbeitsorganisationen tun gut daran, Teams aus Menschen mit verschiedenen kognitiven Stilen zu bilden und es zur Auseinandersetzung kommen zu lassen. Unterlassen Sie unangebrachte Höflichkeit, schrecken Sie nicht vor Gefühlen zurück, besprechen Sie tabuisierte Themen, prüfen Sie Annahmen und vergessen Sie vor allem nicht, gut vorbereitet auf den „Kampfplatz" zu gehen. In einer Organisation erreicht man die besten Lösungen nur auf diesem Wege.

Machen Sie eine Bestandsaufnahme der Konflikte in Ihrer beruflichen Lage. Wobei fühlen Sie sich benachteiligt? Stimmt die Zahl Ihrer Urlaubstage, die Höhe Ihres Gehalts? Haben Sie genug Entfaltungsmöglichkeiten? Stört es Sie, wie die Besprechungen abgehalten werden? Sind es eher Monologe als wirklicher Austausch? Erstellen Sie eine Rangordnung vom harmlosesten bis zum schlimmsten Punkt und nehmen Sie sich vor, sie in Angriff zu nehmen. Fangen Sie mit dem Harmlosesten an.

Sie beginnen mit einer Rationalen Selbstanalyse. Angenommen, Sie besprechen mit Ihrem Vorgesetzten den Wunsch nach einer Laufbahnberatung und zwar auf Kosten der Firma. Wie fühlen Sie sich dabei? Welche Gedanken haben Sie? Stimmen sie mit der Wirklichkeit überein oder sind sie Ursache dafür, dass Sie grundlos wütend oder ängstlich werden? Was ist Ihr Ziel? Bringen Sie sich in einen unnötigen Konflikt mit sich selbst oder mit Ihrem Vorgesetzten? Sie bringen sich in einen unnötigen Konflikt, wenn Sie persönlich werden, statt sachlich zu bleiben.

Wenn Sie beispielsweise eine Absage persönlich nehmen, wenn Sie daraus schlussfolgern, dass Ihre Chefin nichts von Ihnen hält. Wenn Sie für dieses Beispiel eine gute Rationale Selbstanalyse aufgestellt haben, üben Sie dann im Alltag mit wirklichen Situationen.

Tag 26

Erfolgreicher Wiedereinstieg

Letztendlich geht es darum, wieder in den Beruf, an den alten Arbeitsplatz zurückzukehren: der berufliche Wiedereinstieg. Hat man erst einmal wieder angefangen zu arbeiten, kann man auch beurteilen, ob der Arbeitsplatz noch zu einem passt. Aber warum gelingt dem einen die Wiedereingliederung und dem anderen nicht? Kann man sich vorbereiten? Wenn ja, wie? Welche Lehren kann man aus misslungenen Versuchen ziehen? Gehört ein Rückschlag dazu?

Hartmut Frey, 34 Jahre, alleinstehend, studierte an einer Fachhochschule Informatik. Er arbeitete einige Jahre in verschiedenen Betrieben als Systeminformatiker, zuletzt in einer Zeitarbeit-Firma. Die bürokratische Arbeitsweise in der Firma bereitete ihm Schwierigkeiten. Er empfand die Arbeitsbelastung als zu hoch, zum Jahresende musste immer noch mehr Arbeit erledigt werden. Es wurde ihm zuviel, er bekam außerdem Beschwerden im Nacken, in den Schultern und den Armen. Wegen dieser Beschwerden wandte er sich an den Betriebsarzt. Dieser stellte die Diagnose RSI („Mausarm") und verordnete vorübergehende Einstellung der Berufstätigkeit. Hartmut Frey erholte sich jedoch nicht. Er teilte dem Arzt mit, dass er sich nicht entspannen könne, und dieser vermutete, dass es sich um ein Burnout-Syndrom handle. Hartmut Frey unterzog sich einer Behandlung der RSI-Symptome und des Burnout-Syndroms, die über ein halbes Jahr dauerte, und nahm danach die Arbeit bei seinem bisherigen Arbeitgeber wieder auf. Nach kurzer Zeit wechselte er zu einem neuen Arbeitgeber. Bei diesem Betrieb herrschte eine lockerere, weniger bürokratische Atmosphäre.

Andreas Ritter war genauso alt wie Hartmut Frey. Er lebte mit Annette Sieber zusammen, ihr gemeinsamer Sohn war vier Monate alt. Bis vor kurzem arbeitete Andreas Ritter als Direktor einer kleinen Wohlfahrtseinrichtung, die finanziell ums Überleben kämpfte. Andreas Ritter setzte sich dafür Tag und Nacht ein. Es war nicht überraschend, dass er nach gut einem Jahr völlig ausgebrannt war. Seine Genesung dauerte beinahe anderthalb Jahre. Während dieser Zeit entwickelte er sein Hobby weiter, das Arbeiten am Computer. Er fing wieder an, in seiner alten Stelle zu arbeiten, wo ein Interimsmitarbeiter seine Aufgaben übernommen hatte. Kurz nach dem beruflichen Wiedereinstieg wechselte er an einen Arbeitsplatz in der IT-Branche.

Rückkehr in den Beruf

Sowohl Hartmut Frey als auch Andreas Ritter wollten eigentlich nicht mehr zu ihren alten Arbeitgebern zurückkehren. Trotzdem nahmen sie ihre bisherige Arbeit langsam, aber sicher wieder auf. Eine allmähliche Ausweitung der Arbeitszeit und der Arbeitsaufgaben ist wichtig, weil man langsam lernen muss, wieder mit Stress und einer Zunahme der Arbeitsbelastung umzugehen. Im ersten Monat arbeiteten sie, über zwei oder drei Tage verteilt, acht Stunden pro Woche. Im zweiten Monat wurden daraus 12 Stunden, auf drei Tage verteilt. Anschließend, im dritten Monat sechzehn Stunden an vier Tagen und im vierten Monat zwanzig Stunden pro Woche. Sie griffen nicht sofort ihre alten Tätigkeiten auf. Die Versuchung, Rückstände aufzuarbeiten, ist dann nämlich groß. So anzufangen gibt wenig Auftrieb. Sie konzentrierten sich stattdessen auf Aufgaben, die zeitlich überschaubar waren und ohne straffen Zeitplan ausgeführt werden konnten.

Unterschiedliche Entwicklung

Hartmut Freys Wiedereinstieg ins Berufsleben ging nicht gut vonstatten. Kurz nach dem Ablauf der Probezeit ließ er sich krankschreiben. Er schlief sehr schlecht, die RSI-Beschwerden waren zurückgekehrt und wenn er an seine Arbeit dachte, geriet er in Panik. Andreas Ritter dagegen war äußerst zufrieden. Seine Arbeit wurde planmäßig erweitert, er spürte, wie sein Selbstvertrauen zunahm, und er hatte viel Spaß mit seinen Kollegen. Welche Gemeinsamkeiten und welche Unterschiede lassen sich bei ihrer Wiedereingliederung erkennen?

Hartmut Frey und Andreas Ritter bekamen die gleiche Burnout-Behandlung, wobei Entspannung, Verbesserung der körperlichen Kondition, zweckmäßiges Denken und Durchsetzen der eigenen Bedürfnisse im Beruf vorrangig berücksichtigt wurden. Die Behandlung dauerte bei beiden ungefähr ein Jahr. Ein halbes Jahr nach Anfang der Behandlung fingen beide wieder an zu arbeiten. Hartmut Frey fing die Therapie unmittelbar nach der Krankmeldung an. Andreas Ritter versuchte zuerst sich aus eigener Kraft zu erholen. Beide hatten außerdem weitere psychosoziale Probleme. Hartmut Freys Schwester war ganz plötzlich an einer Blutkrankheit gestorben, und es fiel ihm sehr schwer, dies zu verarbeiten. Ab und zu bekam er eine Angstattacke. Dann war er überzeugt, er müsse selbst bald sterben. Andreas Ritter litt unter sozialen Ängsten: Es fiel ihm schwer, anderen Menschen in die Augen zu schauen und er dachte, andere Menschen fänden ihn lächerlich. Früher war er wegen seiner abstehenden Ohren gehänselt worden. Die Burnout-Therapie widmete auch diesen psychosozialen Problemen Aufmerksamkeit, weil Ängste viel Energie rauben.

Schützen Sie Ihre Grenzen

Hartmut Frey traf, bevor er wieder ganz in den Beruf zurückgekehrt war, eine Vereinbarung mit seinem Arbeitgeber: Er würde sich selbst um eine andere Stelle kümmern. Der Arbeitgeber wäre ihn dann los, müsste ihn aber wieder einstellen, wenn in der Probezeit an der neuen Stelle Schwierigkeiten auftreten sollten. Außerdem hatte er einen Monat Urlaub vor dem Antritt der neuen Stelle ausgehandelt. In der neuen Arbeitsstelle fing er sofort an voll zu arbeiten. Niemand kannte die Vorgeschichte seines Burnout-Syndroms und seiner RSI-Symptome. An seinem neuen Arbeitsplatz gefiel es ihm ausgezeichnet. Nach Feierabend wurde immer etwas gemeinsam unternommen: eine Fete, Kino, eine Lounge-Party. Auch gab es im Büro eine ausgezeichnete Espresso-Maschine. Der Kaffee schmeckte köstlich. Wie viel Kaffee er täglich trank? Er hatte keine Ahnung, aber es waren sicher zehn Tassen. Erholungspausen? Zwar standen sie als vorbeugende Maßnahmen in seinem Plan, aber er konnte sich nicht daran halten. Man erwartete von ihm, dass er sich dem Rhythmus der anderen anpasste. Er kam außerdem nicht dazu, Dinge zu regeln, um die er sich hätte kümmern müssen wie die Beiträge für seine Altersversicherung, ein Monatsticket für die öffentlichen Verkehrsmittel und eine angepasste Krankenversicherung. Immerhin ging er alle zwei Wochen zur Massage, was ihm sehr gut tat. Am liebsten hätte er sich jede Woche massieren lassen, aber dafür fehlte ihm das Geld, denn er verdiente in seinem neuen Beruf weniger als vorher. Er kam nicht mehr dazu, Sport zu treiben, weil er keine Zeit mehr dafür hatte, und er sah seine Freunde nur noch ab und zu abends in der Kneipe. Seine Weiterbildung und seine ehrenamtliche Tätigkeit gab er auch auf, denn er wollte in seinem neuen Beruf unbedingt erfolgreich sein. Auch sein Liebesleben stockte. Er war von einer seiner Kolleginnen hingerissen, aber als er sich etwas anmerken ließ, reagierte sie sehr kühl und distanziert. Für seine beruflichen Leistungen erhielt er keine Rückmeldung, es war, als ginge ihm der Chef aus dem Weg. Der Arbeitsplatz hatte einen großen Nachteil, er arbeitete mit sieben Kollegen in einem Raum, was viel Unruhe und Lärm bedeutete. Neue Dinge, die er noch lernen musste, nahm er deshalb schlechter in sich auf. Er hätte gerne mehr zu Hause gearbeitet, aber als er dies vorschlug, wurde ablehnend reagiert. Er bekam den Eindruck, dass sie ihm nicht wirklich vertrauten.

Anders bei Andreas Ritter. Sein neuer Arbeitgeber war über die Burnout-Erkrankung seines neuen Mitarbeiters informiert, und ihm war bekannt, dass er vorübergehend nur zu 50 Prozent arbeitsfähig war. Er war aber von dessen Durchsetzungsvermögen und den im Selbststudium erworbenen Computerkenntnissen beeindruckt. Andreas Ritter fing in Absprache mit dem Arbeitsamt mit acht Stunden pro Woche an. Zuerst bekam er einfache Aufgaben wie die, alte Laptops zu überprüfen und Dokumente zu archivieren. Außerdem besuchte er Fortbildungskurse. Je besser er sich fühlte, desto schwieriger wurden seine Aufträge. Ihm fielen die Unterschiede im Betriebsklima zwischen seiner alten und seiner neuen Stelle auf. Im sozialen Sektor war der Umgang persönlicher, es herrschte mehr Idealismus und es gab weniger Machoverhalten. Die männlichen Kollegen kochten zum Beispiel auch selbst. In dem neuen Unternehmen traf er auf Kollegen, die seit vierzig Jahren keinen Kochlöffel mehr angerührt hatten. Die Gespräche drehten sich hauptsächlich um Arbeit und EDV-Probleme. Andreas Ritter merkte, dass er klare Grenzen ziehen musste: nach Feierabend nicht mehr zur Verfügung stehen, denn gegen sieben Uhr riefen gern die Mechaniker an, die dann mit der Arbeit fertig waren. Die Probleme, die es dann zu besprechen gab, kosteten nicht selten den ganzen Abend. Ein Kollege, der ihn betreute, gab ihm diesen Hinweis. Dadurch gewann Andreas Ritter abends Zeit für Freizeitaktivitäten. Er spielte in einer Band und ging regelmäßig schwimmen. Außerdem wollte er genug Zeit für seine Familie haben. Er war zufrieden darüber, wie die Personalabteilung die sonstigen Arbeitsbedingungen für ihn geregelt hatte. Er verdiente etwas weniger als in seiner vorigen Stelle, aber nach einem Jahr würde er bei guter Leistung befördert werden. Das Verhältnis zu seinem Chef, dem Finanzdirektor war von Anfang an gut. Dieser nahm sich Zeit für Gespräche, die auch mal zwei Stunden dauern durften. Andreas Ritter merkte, dass er ab und zu ein Druckgefühl am Hinterkopf und hinter den Augen hatte. Er wandte dann Tipps aus seinem Plan „vorbeugende Maßnahmen" an, nämlich sich auf seinen Atem zu konzentrieren und sich so zu entspannen.

Wie kann es gelingen

- Überlegen Sie sich, ob es sinnvoll ist, offen mit dem neuen Arbeitgeber über Ihre Krankheit zu reden. Es ist für Sie von Vorteil, wenn Offenheit tatsächlich möglich ist.
- Besprechen Sie mit Ihren Kollegen und Ihren Vorgesetzten, wozu Sie in der Lage sind. Erzählen Sie auch, dass Sie anfangs nicht so oft da sein werden, weil Sie noch rekonvaleszent sind.
- Fordern Sie günstige Arbeitsbedingungen und Unterstützung durch die Personalabteilung.
- Erhöhen Sie die Zahl der Arbeitsstunden langsam, auch bei einer neuen Arbeitsstelle.
- Steigern Sie auch die Intensität und den Schwierigkeitsgrad der Tätigkeiten langsam.
- Sorgen Sie dafür, dass Sie einen Mentor oder Betreuer bekommen, der Ihr fester Ansprechpartner ist und auf Ihr Arbeitspensum achtet.
- Denken Sie an die Maßnahmen zur Vorbeugung eines Rückfalls und wenden Sie sie regelmäßig an.
- Leben Sie auch im Beruf gesund: Nehmen Sie sich genug Erholungspausen, trinken Sie nicht zuviel Kaffee und gehen Sie in der Mittagspause spazieren.
- Sorgen Sie für ein ausgewogenes Verhältnis zwischen Beruf und Privatleben, so dass Sie abends genug Zeit für Ihre Energiespender wie Sport oder Ausgehen haben.

- Bitten Sie Ihren Vorgesetzten um Rückmeldung über Ihre Leistungen.
- Bitten Sie darum, dass Sie sich Ihre Zeit selbst einteilen können, zum Beispiel dass Sie etwas früher anfangen oder etwas später Feierabend machen, beziehungsweise, dass Sie teilweise zu Hause arbeiten dürfen.

Auf die Kollegen kommt es an!

Nachdem sie jahrelang der Mittelpunkt ihrer Familie war, möchte Laura Stieglitz wieder ins Berufsleben zurückkehren. Ihre drei Kinder besuchen das Gymnasium und sie will sich auf den Zeitpunkt vorbereiten, zu dem sie später endgültig ausziehen. Am wichtigsten ist ihr die Arbeitsfreude. Es geht ihr nicht so sehr darum, besonders viel Geld zu verdienen oder beruflich aufzusteigen. In der Zeitung liest sie eine Anzeige: Das Kulturzentrum sucht einen Assistant-Manager. Sie bewirbt sich um diese Teilzeitstelle und bekommt einen Vertrag. Das Gehalt ist äußerst bescheiden. Innerhalb von vier Jahren wird sie die höchste Gehaltsstufe erreicht haben. Sie sagt sich, dass sie das auf sich zukommen lässt. Es handelt sich schließlich um ein zusätzliches Einkommen zu dem ihres Mannes.

Für Laura Stieglitz bricht eine glückliche Zeit an. Ihre Kinder hängen an ihren Lippen, wenn sie Anekdoten über die bekannten Künstler erzählt, mit denen sie zusammenarbeitet. Wieder steht sie im Mittelpunkt, jetzt in der städtischen Kulturszene. Sie arbeitet mit einem kleinen Mitarbeiterstab, die Aufgaben und Zuständigkeiten sind zwar aufgeteilt, doch jeder kennt sich auch mit der Arbeit des anderen aus. Wenn die Direktorin einmal einen Tag krank ist, vertritt Laura sie. Wenn nötig klettert sie auf die Leiter, um dem Bühnenmeister bei der Beleuchtung und bei der Tontechnik zu helfen. Umgekehrt kann sie ihre Kollegen immer um Hilfe bitten. Plötzlich stellt sich heraus, dass sie diese Hilfe braucht. Laura Stieglitz entdeckt einen kleinen Knoten in ihrer Brust: Krebs. Plötzlich geht alles ganz schnell: Operation, Bestrahlungen und Chemotherapie. In diesen Monaten versucht sie, zwischendurch ab und an zu arbeiten. Ihre Kollegen haben dafür Verständnis. Sie bleiben mit ihr in Kontakt und laden sie ein, wenn es eine schöne Vorstellung gibt. Ein Dreivierteljahr später arbeitet sie wieder ihre volle Stundenstahl. Eine wirkliche Unterbrechung ihrer Arbeit hat es eigentlich nicht gegeben. Für Laura Stieglitz gehörte gerade ihr Beruf zu den Dingen, die ihr halfen, gesund zu werden.

Arbeitnehmer, die nur wenig Unterstützung durch ihre Kollegen erfahren, haben ein dreieinhalb Mal größeres Risiko, ein Burnout-Syndrom zu bekommen, als Menschen, die von ihren Kollegen viel Unterstützung erhalten. Diese Unterstützung spendet Energie – genauso wie Selbständigkeit und Selbstentfaltungsmöglichkeiten im Beruf. Ein gutes Betriebsklima und Kollegialität sind also wichtige Arbeitsbedingungen. Dennoch spielen sie in Stellenanzeigen nur eine untergeordnete Rolle. Einkommen, Zuwendungen und Firmenwagen stehen im Vordergrund. Man liest nur selten etwas über gute Zusammenarbeit im Betrieb – geschweige denn über Freundschaft. Menschen, die sich um eine Stelle bewerben, lassen sich mehr von der Höhe des Gehalts leiten als von der Frage, wer ihre Kollegen sein werden. Bittet man jedoch Menschen, ihre derzeitige Arbeitsstelle zu bewerten und die Gründe anzugeben, warum sie bleiben, stellt sich Folgendes heraus: Entscheidend ist für alle, ob die Zusammenarbeit mit ihren Kollegen befriedigend ist.

Der Beweggrund, sich um eine andere Stelle zu bewerben, ist oft der Wunsch, mehr zu verdienen. Man bedenkt zu diesem Zeitpunkt nicht, dass man seine Lebensfreude nicht vergrößert, indem man eine Stelle mit angenehmen Kollegen aufgibt, um ein höheres Einkommen zu erzielen. Die Zufriedenheit mit dem Einkommen hat meistens wenig mit dem tatsächlichen Einkommen zu tun.

Die Moral ist eindeutig: Wählen Sie eine Arbeitsstelle, wo Sie sich unter Ihren Kollegen wohl fühlen. Haben Sie eine solche Stelle, dann überlegen Sie es sich zweimal, bevor Sie die Stelle wechseln, nur um mehr Geld zu verdienen. Aber machen Sie, dass Sie so schnell wie möglich fortkommen, wenn Ihre Kollegen Ihre Feinde sind, wenn sie Sie drangsalieren oder sexuell belästigen. Sorgen Sie bei Bewerbungen dafür, dass Sie außer dem Chef noch andere Menschen treffen, so dass Sie auch Ihre zukünftigen Kollegen kennen lernen können. Vertrauen Sie Ihrer Intuition. Achten Sie auf körperliche Signale. Fühlen Sie sich wohl? Oder verhalten sich die anderen ablehnend und Sie haben das Gefühl, Sie müssten sich furchtbar anstrengen, um nett gefunden zu werden? Führen Sie Gespräche zum gegenseitigen Kennenlernen und bringen Sie Themen ein, die Ihnen wichtig sind – wie z. B. Verlässlichkeit oder wie Sie eingearbeitet werden, ob Mitarbeiter dort schnell die Stelle wechseln, wie multikulturell der Betrieb ist und wie emanzipiert. Gibt es auch private Kontakte unter den Kollegen, sind sie für einander da, wenn sie sich brauchen?

Gesundes Betriebsklima

Die Art der Beziehung, die wir zu anderen haben, beeinflusst das Betriebsklima nachhaltig. In der einen Gruppe fühlen wir uns wohler als in der anderen. Einen Einblick in die Art und die Qualität des sozialen Gefüges zu gewinnen, kann dem Einzelnen und der Organisation als Ganzem helfen, das Betriebsklima zu verbessern.

Liegt es an den Menschen, die sich keine Mühe geben, oder ist es die Schuld des Systems? Diese Frage stellt sich immer wieder aufs Neue, wenn wir eine Erklärung für ein vergiftetes Betriebsklima suchen. Wer die Schuld bei den Menschen sucht, neigt dazu, auf mangelndes Verantwortungsgefühl, unfähige Führungskräfte oder rücksichtsloses Machtstreben hinzuweisen. Wer die Schuld lieber dem „System" gibt, lenkt sein Augenmerk auf bürokratische Strukturen oder umgekehrt auf das Fehlen solcher Strukturen.

Verbundenheit entstehen lassen

Jeder erlebt täglich, dass die Menschen, mit denen man zusammenarbeitet, in hohem Maße die Arbeitsfreude bestimmen. Aber wie kommt es, dass man in der einen Situation scheitert, während man in einer anderen Gruppe Bestleistungen erbringt?

Zuallererst wird die Verbundenheit zwischen Kollegen von der Qualität ihrer Beziehung beeinflusst. Es kommt darauf an, ob die Beziehung auf Gegenseitigkeit beruht, ob Vertrauen vorhanden ist und wie tief die emotionale Verbindung ist. Je stärker das Band, desto weniger verspürt man die Neigung, den anderen zu kränken. Denn man wird niemandem Schaden zufügen, von dem man selbst auch nicht geschädigt werden möchte. Es entsteht ein Vertrauensverhältnis, in dem man dem anderen gegenüber offen und ehrlich sein kann, ohne sich zu kränken. Eine solche Verbundenheit setzt ein Gefühl der Verwandtschaft voraus. So ist es verständlich, dass Führungskräfte sich miteinander stärker verbunden fühlen als mit ihren Mitarbeitern. Sie sorgen deshalb auch eher für einander als für ihre Untergebenen. Förderlich ist auch, wenn man mehrere Arten von Beziehungen zueinander pflegt: Man bricht ungern mit jemandem, der nicht nur Kollege, sondern auch Freund und Sportkamerad ist. Der Preis wäre zu hoch.

Unausgewogene Beziehungen führen leichter zu unkollegialem Verhalten. Wird die gefühlsmäßige Verbundenheit des einen nicht geteilt, besteht die Gefahr, dass derjenige, der einem anderen Vertrauen entgegenbringt, den Kürzeren zieht. Entsprechend ist bei ungleichen Machtverhältnissen nicht zwangsläufig eine Ausgewogenheit im gegenseitigen kollegialen Geben und Nehmen gegeben: Der Machtlose wird gezwungen, sich vorgegebenen Regeln entsprechend zu verhalten, während der Mächtige straflos verfahren kann, wie er will.

Cliquenbildung

Die Struktur der Beziehungen untereinander beeinflusst unter anderem, wie kollegial man sich verhält. Wenn Jakob sich gut mit Arnold und Petra versteht, aber Arnold und Petra keine Verbindung untereinander haben, kann Jakob straflos tun, was er will – und Arnold und Petra manipulieren oder gegen einander ausspielen. Er kann das tun, weil Arnold und Petra sein Verhalten nicht gemeinsam kontrollieren können. Hier besteht eine Lücke in der Struktur. Ein Effektenmakler zum Beispiel, der sowohl mit dem Aktionär als mit der Bank in Verbindung steht, ohne dass es eine Verbindung zwischen Aktionär und Bank gibt, kann unbemerkt das Geld des Aktionärs oder der Bank benutzen, um eigene Defizite zu decken, weil ihn niemand kontrolliert.

Andererseits wird ein Dreiecksverbund, in dem Jakob sowohl mit Arnold als auch mit Petra eine enge Verbindung eingegangen ist und die beiden letzteren ebenfalls in engem Kontakt zueinander stehen, eine geschlossene Front bilden, eine „Clique". Im Umgang miteinander orientieren sie sich an strengen Maßstäben. Ob sie sich so auch gegenüber Menschen außerhalb ihrer Gruppe verhalten, hängt davon ab, wie groß die Lücken in der Struktur ihrer Beziehungen zu anderen sind. Zuviel Cliquenbildung kommt u. a. in Organisationen vor, in denen „Lager" einander gegenüberstehen, zum Beispiel Fachärzte und Verwaltung in manchen Krankenhäusern. Man erkennt die Zweiteilung schon in der Kantine: Wer isst zusammen an einem Tisch? In einem Betriebsklima der Cliquenbildung, in dem die Kontrolle lückenhaft ist, kann es geschehen, dass Fehler mit dem Mantel der kollegialen Liebe zugedeckt werden.

Je größer eine Organisation ist, desto schwieriger ist es, mit allen verbunden zu sein und desto mehr neigt man zu Cliquenbildung. So entstehen Grüppchen von Menschen, die sich untereinander sehr verantwortungsvoll verhalten. Zwischen den Grüppchen herrscht allerdings kollegiales Niemandsland, wo das Recht des Stärkeren gilt.

Investieren Sie in Ihre Kollegen

Ein Experte in der Organisationsentwicklung, der das Arbeitsklima auf allen Ebenen eines Betriebes verbessern will, muss sich zuerst eine Übersicht über die informellen Gruppen und die Lücken in der sozialen Struktur verschaffen. Danach muss er Aktivitäten organisieren, in die Menschen aus den verschiedenen Gruppen eingebunden werden. Wichtig ist, dass es zwischen den Beteiligten Berührungspunkte gibt, die ihnen helfen, Verbundenheit entstehen zu lassen. Arbeitsorganisationen, die sich ständig vergrößern und viele Aushilfskräfte beschäftigen, stehen schwere Zeiten bevor, was die kollegiale Atmosphäre angeht. Wer will sich dann noch auf die so zeitlich begrenzten Beziehungen einlassen? Die mangelnde Einsatzbereitschaft trifft nicht nur den Betrieb, sondern auch die Beziehungen untereinander.

Untersuchen Sie Ihre eigene Lage: Wie ist es um das Geben und Nehmen zwischen Ihnen und Ihren Kollegen bestellt? Welche negativen Gedanken über Ihre Kollegen halten Sie davon ab, auf sie zuzugehen? Stellen Sie fest, wie viel Sie für Ihre Kollegen tun und wie viel jene für Sie tun. Ist das Verhältnis ausgewogen? Wie viel Interesse bringen Sie Ihren Kollegen entgegen? Haben Sie ausgerechnet eine Schwäche für Kollegen, die Ihnen das Leben schwer machen? Weichen Sie bestimmten Kollegen aus, vermeiden Sie, in die Kantine zum Mittagessen zu gehen oder gemeinsam Kaffee zu trinken, wenn jemand Geburtstag hat? Untersuchen Sie, was Sie selbst tun können, um das Arbeitsklima zu verbessern. Vielleicht müssen Sie einen leichten Widerwillen überwinden und doch an der Betriebsfeier oder dem Neujahrsempfang teilnehmen. Das ist aber meistens eine günstige Gelegenheit, freundschaftliche Beziehungen zu knüpfen oder zu pflegen. Es ist kurzsichtig, wenn man immer denkt: „Schade um meine Zeit." Genauso kurzsichtig ist es, sich zu sagen: „Beruf und Privatleben trenne ich strikt."

Tag 28

Vom Geld und vom Glück

In einer Gesprächsgruppe für Frauen, die ausgebrannt sind oder Gefahr laufen auszubrennen, ist Geld ein wichtiges Thema. Marlies wurde wieder für arbeitsfähig erklärt, sie hat nur noch kurze Zeit Recht auf Krankengeld, aber sie will auf keinen Fall mehr an ihren alten Arbeitsplatz zurückkehren. Sie sucht angestrengt eine andere Stelle. Bettina will nur noch Teilzeit arbeiten und wird deshalb die Hälfte ihres heutigen Einkommens einbüßen. Nelly war so schwer krank, dass sie immer noch arbeitsunfähig ist und von der Sozialhilfe leben muss. Linda hat einen anderen Berufsweg gefunden, der ihr sehr gut gefällt. Mit ihrer früheren Arbeit hat sie sehr gut verdient, während ihr Einkommen jetzt nach dem Berufswechsel nur noch wenig mehr beträgt als der gesetzliche Mindestlohn. Susanne kündigte ihre Stelle und gründete eine eigene Firma.

Wie kommt man nach einem Burnout-Syndrom mit einem niedrigeren Einkommen zurecht? Diese Frage stellt sich vielen Leuten. Die veränderte Einkommenssituation weckt Ängste. In ihrer Fantasie sehen sie sich schon als Obdachlose, die unter der Brücke leben. Man kann sich jedoch zu einem Leben mit weniger Geld motivieren, indem man sich zum Beispiel fragt, ob man mit mehr Geld glücklicher wäre. Ist ein hohes Einkommen wirklich die Opfer wie z.B. ein Burnout-Syndrom wert?

Mehr als glücklich?

Sind die Grundbedürfnisse befriedigt, wird man mit mehr Geld nicht glücklicher. In den Niederlanden hat sich der Wohlstand seit den fünfziger Jahren verdoppelt, aber das Gefühl des Glücklich-seins hat bei den Niederländern in den letzten fünfzig Jahren kaum zugenommen. Unser Streben nach mehr Wohlstand, das uns soviel Zeit und Kraft kostet, bringt uns persönlich nichts ein.

Aber was geschieht, wenn erhöhter Einsatz kein Ergebnis bringt? Das macht uns depressiv. In der westlichen Wohlstandsge-sellschaft werden wir unglücklich, weil wir die falschen Prioritäten setzen. Hart zu arbeiten und Geld zu verdienen finden wir wichti-ger als zwischenmenschliche Beziehungen. Der amerikanische Po-litikwissenschaftler Robert Lane weist nach, dass bei einem Ein-kommen nur knapp über dem Existenzminimum schon die Grenze erreicht ist. Wird diese überschritten, verändert sich durch noch mehr Geld gar nichts mehr. Man wird nicht glücklicher, weil man ein Wochenendhaus, eine Zweitwohnung oder ein Luxusauto be-sitzt, oder weil man dreimal im Jahr eine Urlaubsreise macht. Die seelische Not jedoch ist in den marktwirtschaftlichen Demokratien groß. So leiden zum Beispiel in den Niederlanden mit einer Bevöl-kerung von 15 Millionen Menschen 2,3 Millionen an einer psy-chischen Störung, 600.000 Niederländer sind depressiv. Nur 15 Prozent von ihnen sind in psychiatrischer oder psychotherapeu-tischer Behandlung.

Lane veranschaulicht seine Hypothese mit einer makabren Dar-stellung: je größer der Wohlstand, desto unglücklicher die Gesell-schaft. In einigen Wohlstandsgesellschaften nimmt die Zahl der Selbstmorde unter Jugendlichen erschreckend zu. Laut dem nie-derländischen Zentralbüro für Statistik (CBS) stieg die Zahl der Selbstmordfälle in den Niederlanden bei den Fünfzehn- bis Vier-undzwanzigjährigen von 38 im Jahr 1995 auf 55 im Jahr 1997.

Mehr Wohlstand gefährdet unsere Jugend. Ein Viertel der nie-derländischen Väter beschäftigt sich werktags höchstens eine halbe Stunde mit ihren Kindern. Auch am Wochenende nimmt sich ein Viertel der Väter höchstens eine Stunde Zeit für die Kleinen. Je mehr ein Vater verdient, desto weniger widmet er sich seinen Kindern. Seelische Vernachlässigung bei gleichzeitigem materiellen Überfluss kann fordernde Monster und unglückliche Kinder hervorbringen.

Mehr Wirtschaftswachstum, mehr Burnout-Syndrom

An harter Arbeit stirbt man nicht. Aber auch hartes Arbeiten hat seine Grenzen. In Japan kennt man den Tod durch Überarbeitung (*Karoschi*). Auch in den Niederlanden fordert die Arbeitsbelastung ihren Tribut: Wie eine Studie ergab, sind vier Prozent der Arbeitnehmer ausgebrannt und 16,1 Prozent hoch gefährdet. Bei einer berufstätigen Bevölkerung von 6,8 Millionen Beschäftigten bedeutet das, dass es 270.000 erschöpfte Arbeitnehmer gibt und dass 1,3 Millionen von Burnout bedroht sind. Letztere bekommen nicht alle ein Burnout-Syndrom, weil viele glücklicherweise vorbeugend eingreifen, kürzer treten oder sich eine andere Arbeit suchen. Diese und andere Forschungsergebnisse lassen den Schluss zu, dass man sein Augenmerk nicht darauf lenken sollte, immer noch mehr zu arbeiten, sondern auf Maßnahmen, die ein Burnout-Syndrom verhindern.

Geld verleiht keine Energie

Ist die Zahl der Energieräuber im Beruf groß und die der Energiespender gering, verursacht dies ein Burnout-Syndrom. Energieräuber sind: hoher Arbeitsstress, große seelische Belastung oder ständiges Grübeln über den Beruf in der Freizeit. Ein Mangel an wichtigen Energiespendern besteht aus Folgendem: zuwenig Unterstützung durch andere, kein Feedback über die geleistete Arbeit, zu wenig Fürsorge durch die Vorgesetzten, wenig Eigenverantwortlichkeit und wenig Entfaltungsmöglichkeiten. Wissenschaftler äußern sich unmissverständlich zu den Ursachen des Burnout-Syndroms. Es liegt kaum daran, wie alt man ist, ob man männlich oder weiblich ist, Kinder hat oder kinderlos ist. Es geht um das Verhältnis zwischen dem, was einem die Arbeit abverlangt, und dem, was man von ihr zurückbekommt, ob die eigenen Fähigkeiten und die beruflichen Anforderungen miteinander im Einklang sind. Es gibt nur eine einzige demographische Variable, die eine wichtige Rolle spielt: Das Risiko eines Burnout-Syndroms ist für einen Alleinstehenden anderthalb bis zweieinhalb Mal größer als für einen Mitarbeiter, der in einer Partnerschaft lebt oder verheiratet ist. Das ist Wasser auf den Mühlen von Robert Lane, der unsere zwanghaften Vorstellungen bezüglich Geld und Wachstum anprangert. Er behauptet: Lebensfreude lässt sich nicht kaufen. Ein Rechner kann dich nicht in den Arm nehmen.

Wenn unsere Grundbedürfnisse befriedigt sind, macht uns mehr Geld nicht glücklicher. Ganz im Gegenteil! Mehr Arbeit wirkt sich nachteilig darauf aus, wie wir für uns selbst und unsere Kinder sorgen. Vernachlässigung seiner selbst und seiner Kinder kann zu einem Burnout-Syndrom, zu einer Depression oder sogar zu Selbstmord führen.

Planen Sie Ihre Finanzen

Wenn Sie sich über Ihre finanzielle Situation Sorgen machen, dann betrachten Sie diese einmal von einer ganz anderen Seite. Wofür brauchen Sie Geld? Worum geht es Ihnen im Leben? Welches sind Ihre Ziele? Wann wollen Sie diese Ziele erreicht haben? Wie viel wollen Sie arbeiten? Wollen Sie für ein Sabbatsjahr sparen, für unbezahlten Urlaub oder würden Sie gern in Frührente gehen?

Legen Sie zuerst Ihre Ziele fest und untersuchen Sie dann, wie Sie sich diese finanziell ermöglichen können. Es ist hilfreich, wenn Sie sich ein bisschen mit Haushaltsplanung und persönlicher Finanzplanung beschäftigen. Es gibt allerlei Ratgeber-Bücher zu diesen Themen, die unterschiedliche Lebenslagen berücksichtigen.

Für eine finanzielle Planung ist es sinnvoll, zuerst eine Übersicht über Einnahmen und Ausgaben zu erstellen. Dokumentieren Sie einen Monat lang Ihre Ausgaben. Heben Sie alle Kassenzettel auf und sehen Sie nach, wofür Sie Ihr Geld ausgeben. Achten Sie auf alles, auch auf Ausgaben für den kleinen Imbiss, wenn Sie in der Stadt unterwegs sind. Machen Sie eine Übersicht über alle Einnahmen. Berechnen Sie die monatlichen Ausgaben und Einnahmen, indem Sie die jährlich anfallenden Ausgaben durch zwölf teilen. Haben Sie diese Übersicht aufgestellt, wird es Ihnen viel leichter fallen zu planen, wo Sie sparen können, und wie Sie in Zukunft anders mit Ihrem Geld umgehen wollen.

Ist hier noch der richtige Platz für Sie?

Diese Frage stellen wir uns alle ab und zu. Ist diese Stelle noch etwas für mich? Passt dieser Beruf noch zu mir? Vielleicht fragen Sie sich sogar, was Sie „in diesem Saftladen" noch zu suchen haben. Aber Sie können sich nicht vorstellen, welchen Beruf Sie sonst ausüben könnten. „Ich beherrsche nur ein einziges Metier", sagte ein Facharzt, der an einem Burnout-Seminars teilnahm. Er hatte resigniert: Er fand sich mit seinem Beruf ab, dem er nichts mehr abgewinnen konnte und zu dem er innerlich schon keinen Bezug mehr hatte.

Resignieren verursacht, dass man sich ohnmächtig fühlt und so den inneren Antrieb verliert. Der Bezug zum Beruf geht immer mehr verloren, genauso wie das Bewusstsein der eigenen Fähigkeiten. Man verkennt die eigenen Möglichkeiten – der Mangel an Engagement führt dazu, dass man auch von anderen immer weniger positive Reaktionen bekommt. Man schlägt sich mit den Anforderungen des Betriebes herum, ohne noch eine Perspektive zu erkennen. Der Horizont verengt sich. Man richtet alle Anstrengung nur noch darauf, im Beruf durchzuhalten und zu überleben. Schließlich führt dies zur beruflichen Erstarrung. Man wehrt alle Unsicherheiten und Veränderungsmöglichkeiten ab, indem man sich an die Wunschvorstellung seines Berufs festklammert. Man stellt hohe Anforderungen an sich und beschäftigt sich nur noch mit der Arbeit. Auch zu Hause fällt es einem immer schwerer, sich von der Arbeit zu lösen.

Peter Stumm ist vierzig Jahre alt und geschieden. Seine fünfzehnjährige Tochter wohnt die halbe Woche bei ihm. Er hat eine gute Stelle als Jurist im städtischen Dienst einer mittelgroßen Stadt, er ist Leiter der Rechtsabteilung. Seit kurzem ist er krankgeschrieben. Er ist völlig erschöpft und fühlt sich vom Direktor der Stadtverwaltung ausgenutzt. In seiner Arbeit hatte er immer die besten Absichten, aber er bekam nie die verdiente Anerkennung. Er fühlt sich im Stich gelassen und will eigentlich nie mehr für die Gemeinde arbeiten. Seine Gefühle sind widersprüchlich, denn einerseits finge er am liebsten sofort wieder an zu arbeiten, um seine Projekte fertig zu stellen. Andererseits würde er gerne ein paar, seiner Meinung nach, völlig unfähige Mitarbeiter feuern und „den Politikern unter die Nase reiben, welchen Mist sie gebaut haben". Die Diagnose Burnout hielt er nicht nur für abwegig, sondern er empfand sie als beleidigend. Auch wenn er sich nicht eingestehen will, dass er ausgebrannt ist, will er neue Schritte in seiner Laufbahn in Erwägung ziehen. Auch findet er selbst, dass er an seiner Kondition arbeiten müsste.

Strategien der beruflichen Weiterentwicklung

Ein Burnout-Syndrom ist das Symptom einer festgefahrenen beruflichen Entwicklung. Man fühlt sich nicht mehr genug gefordert. Die Arbeit erscheint nur noch wie eine unendliche Wiederholung ihrer selbst. Man spürt, wie am Arbeitsplatz Langeweile, Aussichtslosigkeit und Mangel an Perspektive einziehen.

Diesem Zustand kann man vorbeugen, indem man sich regelmäßig damit beschäftigt, wie es um die beruflichen Möglichkeiten und die berufliche Einsetzbarkeit bestellt ist. Stellen Sie sich vor, wie Ihre berufliche Lage in fünf Jahren aussehen sollte, um für Sie befriedigend zu sein. Auch der Arbeitgeber sollte einen Entwurf machen: Welche Arbeitnehmer werden in fünf Jahren noch innerhalb der Organisation gebraucht? Die Abstimmung zwischen der beruflichen Entwicklung des Arbeitnehmers einerseits und den Bedürfnissen des Arbeitgebers und des Arbeitsmarkts andererseits nennt man auf Englisch „Employability".

Berufliche Flexibilität ist die Fähigkeit:
● sich den Veränderungen des inner- und/oder außerbetrieblichen Arbeitsmarkts anzupassen

● sich so weiterzuentwickeln, dass man auch dann seinen Teil dazu beitragen kann, dass die Organisation ihre Ziele erreicht, wenn diese sich ändern.

Kurzum, berufliche Flexibilität heißt, dafür zu sorgen, möglichst vielen beruflichen Anforderungen und Situationen gerecht werden zu können.

Füllen Sie den folgenden praktischen Fragebogen aus. Es handelt sich dabei nicht um einen wissenschaftlichen Test, sondern es geht darum, ein genaueres Bild Ihrer Flexibilität zu gewinnen. Wenn Sie den Fragenbogen ausfüllen, werden Ihnen auch Ihre Möglichkeiten bewusster.

Index der beruflichen Flexibilität
(nach I. van Slageren, Prometheus)

Teil A

	Ganz und gar zutreffend	Zutreffend	Eher zutreffend	Eher nicht zutreffend	Nicht zutreffend	Ganz und gar nicht zutreffend
	1.	**2.**	**3.**	**4.**	**5.**	**6.**
1. Ich weiß nicht genau, welches die wichtigsten Dinge sind, die ich mir auch in Zukunft von meinem Arbeitsplatz erwarte.						
2. Wenn man in diesem Bereich der Organisation arbeitet, ist es schwierig, intern in einen anderen Bereich zu wechseln.						

	Ganz und gar zutreffend	Zutreffend	Eher zutreffend	Eher nicht zutreffend	Nicht zutreffend	Ganz und gar nicht zutreffend
	1.	2.	3.	4.	5.	6.

3. Mein Leben würde zu sehr gestört, wenn ich jetzt eine andere Stelle anträte.

4. Ich bin oft verärgert.

5. Eine berufliche Veränderung ist mit vielen Risikos verbunden.

6. Ich fühle mich häufig machtlos.

7. Ich denke regelmäßig über meine Laufbahn nach, habe aber das Gefühl, nur wenig zu erreichen.

8. Ich finde es schwierig herauszufinden, was für ein Mensch ich eigentlich bin.

9. Außerhalb meiner Branche gibt es kaum Stellen für mich.

10. Die Arbeit ist mir oft zu viel.

11. Ich denke, dass ich wenig dafür tun kann, eine andere Stelle zu finden, selbst wenn ich es wollte.

12. Ich bin von meinem Arbeitsplatz enttäuscht.

13. Meine Fähigkeiten sind so speziell, dass es sehr schwierig wäre, eine Möglichkeit zu finden, sie intern an anderer Stelle, einzusetzen.

	Ganz und gar zutreffend	Zutreffend	Eher zutreffend	Eher nicht zutreffend	Nicht zutreffend	Ganz und gar nicht zutreffend
	1.	2.	3.	4.	5.	6.
14. Wenn es so weitergeht, bin ich beruflich bald völlig frustriert.						
15. Häufiger Berufswechsel hat mehr Nach- als Vorteile.						
16. Ich fürchte, dass ich nicht in der Lage sein werde, den Anforderungen zu entsprechen, die die (bevorstehenden) Veränderungen in der Organisation mit sich bringen.						
17. Natürlich spiele ich bei meiner Laufbahn auch eine Rolle, aber letztendlich ist mein Arbeitgeber für die Entwicklung meiner Karriere verantwortlich.						
18. Ich habe den Eindruck, dass ich zu wenig Alternativen zu meiner jetzigen Stelle habe.						

Summe je Spalte   + … … … … … …

Summe A:

Teil B

	Ganz und gar zutreffend	Zutreffend	Eher zutreffend	Eher nicht zutreffend	Nicht zutreffend	Ganz und gar nicht zutreffend
	1.	**2.**	**3.**	**4.**	**5.**	**6.**
1. Meine Arbeitsmarktchancen außerhalb des Betriebs sind mir hinlänglich bekannt.						
2. Ich habe ein klares Bild meiner starken Seiten.						
3. Im allgemeinen fühle ich mich wohl an meinem Arbeitsplatz.						
4. Ich berate mich regelmäßig mit meinem Vorgesetzten, wie ich mich innerhalb oder außerhalb der Organisation beruflich weiterentwickeln kann.						
5. Ich weiß, was ich für mein berufliches Fortkommen tun muss.						
6. Innerhalb meiner Branche sehe ich genug Möglichkeiten für einen Berufswechsel.						
7. Ich weiß, was mich in meinem Beruf motiviert.						

Summe je Spalte   + ...

Summe B:

Summe A:

+ **Summe B:**

Gesamtsumme:

Die Gesamtsumme beträgt höchstens 108 + 42 = 150 Punkte und mindestens 18 + 7 = 25 Punkte. Je niedriger Ihre erreichte Punktzahl ist, desto wichtiger ist es, dass Sie Ihre berufliche Flexibilität erweitern. Der Durchschnittswert liegt bei 62 oder 63 Punkten. Erreichen Sie weniger als 40 Punkte, dann sind Sie möglicherweise beruflich ins Stocken geraten. Dann ist entscheidend, dass Sie untersuchen, welche Möglichkeiten Sie haben. Haben Sie mehr als 135 Punkte erreicht, dann spüren Sie, dass Sie selbst bestimmen, welche Richtung Ihre Laufbahn einschlägt.

Der Traumberuf

1. Lassen Sie Ihrer Fantasie freien Lauf. Denken Sie nicht gleich „ja, aber ...". Wenn Sie frei wählen könnten, welchen Beruf würden Sie wählen? Wo würden Sie arbeiten? Was wäre Ihr „Traumberuf"? Wie sähe Ihr Leben und das Ihres Lebensgefährten / Ihrer Lebensgefährtin und Ihrer Familie aus? Wie sähe Ihr Arbeitsplatz aus?
2. Angenommen, Sie dürften ein halbes Jahr lang Ihre Arbeit unterbrechen. Was täten Sie dann in dieser Zeit? Wie würden Sie diese sechs Monate gestalten? Was würde Ihnen fehlen? Was würden Sie genießen?
3. Vergleichen Sie Ihre Antworten auf die beiden letzten Fragen. Welche Parallelen gibt es? Welche Unterschiede?
4. Betrachten Sie nun Ihre heutige berufliche Situation und vergleichen Sie sie mit Ihrem Traumberuf. Worin stimmen sie überein? Wo widersprechen sie sich? Wo beeinträchtigen Sie diese Widersprüche? Was können Sie daraus schließen?

Tag 30

Neue Chancen

Marianne Scholl ist 53 Jahre alt und gibt zum ersten Mal Physikunterricht an einer Montessorischule. Sie hat ihr Referendariat an dieser Schule gemacht. Jetzt vertritt sie eine Lehrerin im Reha-Urlaub. Von Haus aus ist sie Psychologin und hat beim Schulamt in der Schulberatung gearbeitet, selbst aber noch nie unterrichtet. Die Beratertätigkeit beherrschte sie vollkommen, doch hatte diese für sie ihren Reiz verloren. Als ihre drei Kinder die Schule abgeschlossen hatten, fing sie – nur zu ihrem Vergnügen – ein neues Studium an.

Als sie mit dem Unterrichten anfing, merkte sie rasch, dass sie sich ein völlig falsches Bild vom Lehrberuf gemacht hatte. Der herkömmliche Frontalunterricht, bei dem der Lehrer spricht und die Schüler zuhören, war hier nicht mehr möglich. Im Klassenzimmer herrschte ein Geräuschpegel wie in einem gut besuchten Café. Als Lehrerin musste sie versuchen, das halblaute Stimmengewirr zu übertönen und die Schüler anzuregen, etwas zu tun. Während einer Unterrichtsstunde forderte sie zwei plaudernde Schüler auf, ihre Rechenaufgaben zu machen. Einer der beiden antwortete: „Aber ich erkläre ihm doch gerade, wie man das ausrechnet!" Dies entsprach genau dem Montessorigedanken des gegenseitigen Erklärens.

Innerhalb weniger Monate fand Marianne Scholl heraus, wie sie die Schüler dazu bringen konnte zu lernen: In erster Linie, indem sie geschickt mit ihnen verhandelte. Manche Schüler zum Beispiel baten sie ängstlich, ihnen im Schulzeugnis kein Verwarnungsdreieck oder Stoppschild zu geben, sondern ein Viereck. Im Montessoriunterricht bedeutet ein Viereck, dass man versetzt wird. Marianne Scholl vereinbarte mit den Schülern, dass sie ihnen ein Viereck geben würde und dass die Schüler sich dafür mehr anstrengen müssten. Zu ihrer großen Überraschung hielten sich die Schüler daran. Sie strengten sich mehr an, und verdienten sich das Viereck. In einem Punkt machte sie von Anfang an keinerlei Abstriche: bei schriftlichen Prüfungen wurde weder abgeschaut noch abgeschrieben. Gewöhnlich standen die Tische in Gruppen, aber vor einer Klausur schob sie die Tische auseinander. Wenn die Schüler das Klassenzimmer betraten, waren sie überrascht: „Gibt es heute eine Klausur? Oh, das wusste ich nicht, mein Buch liegt bei meinem Vater, diese Woche wohne ich aber bei meiner Mutter". Oder: „Mein Buch liegt in meinem Schließfach, ich habe aber den Schlüssel verloren." Marianne Scholl gab keinen Zollbreit nach, sie ließ sich nicht erweichen. Prüfung war Prüfung. Da drückte sie kein Auge zu. Auf anderen Gebieten hingegen gewährte sie den Schülern viel Spielraum. So versuchte sie nicht, den Schülern zu verbieten, während des Unterrichts miteinander zu reden. Dafür führte sie für Schüler, die daran interessiert waren, eine Stunde „Wissenschaftsquiz" ein. Dann stellte sie einer Gruppe wissbegieriger Schüler allerlei schwierige Fragen. Diejenigen Schüler, die dazu keine Lust hatten, ließ sie in einem anderen Teil des Klassenzimmers selbständig arbeiten. Marianne Scholl hatte viel Freude an einem klugen Schüler, der selbständig lernte und schon ein Buch weiter war als der Rest der Klasse. Er nahm nicht an der Quizstunde teil, saß aber in der Nähe der Teilnehmer, weil es da still war. Bei schwierigen Aufgaben glänzten seine Augen. Er wusste die Antwort. Wenn sein Klassenkamerad ihn dazu aufforderte, flüsterte er ihm die Lösung zu. Der Klassenkamerad ließ seine Mitschüler erst eine Weile herumprobieren und gab, wenn sie mit der Aufgabe überhaupt nicht zurecht kamen, die richtige Antwort.

An der Montessorischule hatte Marianne Scholl nicht nur mit einem anderen Beruf zu tun, sondern auch mit Werten und Normen, die sie sich erst aneignen musste. Montessorischüler können zum Beispiel sehr gut warten. Wenn die Türe eines Klassenzimmers abgeschlossen ist und sie warten müssen, bis der Schlüssel gefunden ist, gehen sie nicht wie Schüler herkömmlicher Schulen wütend weg. Sie setzen sich und schwätzen oder raufen sich. Es überraschte Marianne Scholl, dass sie sogar bei Raufereien wussten, wie weit sie gehen konnten. Es war nicht nötig, einzugreifen. Genau dann, wenn sie die Schüler zur Ruhe ermahnen wollte, hörten sie von alleine auf. Sie ist über den Anstand und die Rücksichtnahme an dieser Schule erstaunt, die so chaotisch ist und ohne Struktur und Ordnung zu sein scheint. Ihr fällt die Selbstdisziplin auf, die von innen heraus kommt und nicht von außen auferlegt wird. Sie erkennt aber auch, dass diese Schulform nicht für alle Schüler geeignet ist. Um sich behaupten zu können, bedarf es unbedingt sozialer Kompetenzen und eines gewissen Maßes an Selbstdisziplin.

Marianne Scholls Lektionen

Welche Lehren lassen sich aus dem Beispiel Marianne Scholls ziehen?

1. Sie fing an, etwas zu tun, das ihr gefiel. Neben ihrer guten Stelle als Psychologin begann sie ein Physikstudium, wobei der einzige Grund war, dass sie das gerne wollte. Einfach nur zu ihrem Vergnügen.

2. In abgesicherter Lage probiert sie aus, ob ihr das Unterrichten liegt. Sie lässt sich beurlauben und behält das Recht, an ihren alten Arbeitsplatz zurückkehren zu können. Außerdem ermöglicht sie es einer Kollegin, ihren Kur-Aufenthalt zu genießen, da sie diese in der Zwischenzeit vertritt.

3. Sie überdenkt ihre eigenen Werte und Normen. Sie ist flexibel, wo ihr dies möglich ist. Sie verlangt von den Schülern nicht, dass sie ihr zuhören und dass es totenstill im Klassenzimmer sein muss, wenn sie redet. Sie beschönigt die Leistungen der Schüler, indem sie zu gute Noten gibt, was sich langfristig günstig auswirkt, da es die Schüler anspornt. Die Prüfungsergebnisse verbessern sich tatsächlich.

4. Sie setzt klare Grenzen, wo sie diese für nötig hält. Für unvermeidbare Dinge wie Prüfungen tritt sie ein.

5. Sie betrachtet das Unterrichten als ein Experiment, bei dem sie selbst hinzulernen kann. Sie hat einen gewissen inneren Abstand zu dem, was sie tut, und untersucht, ob es die gewünschte Wirkung hat. Sie merkt zum Beispiel, dass ihre Quizstunde sehr erfolgreich ist. Über mangelnde Aufmerksamkeit hat sie nicht zu klagen. Sie entscheidet sich für die guten Schüler und bürdet sich nicht die unmögliche Aufgabe auf, auch die unmotivierten Schüler zu fesseln. Mit diesen legt sie sich nicht an. In den Wochen vor der Zeugnisausgabe melden sich die uninteressierten Schüler von selbst. Es liegt dann in ihrem Ermessen, welche Noten sie gibt. Weil sie mit ihnen verhandelt und ihre Machtstellung benutzt, um die Schüler anzuregen und zu betreuen, wird ihre Macht akzeptiert. Macht, die akzeptiert wird, ist Autorität.

6. Sie steht der Tatsache, dass der äußere Schein trügen kann, aufgeschlossen gegenüber. Der Unterricht an der Montessorischule hat bei ihr zuerst den Eindruck eines völligen Durcheinanders erweckt. Gelinde gesagt kam es ihr wie ein unordentliches, aber gemütliches Kaffeehaustreiben vor. Indem sie aber darauf achtet, wie sich die Schüler verhalten, wenn sie warten müssen, entdeckt sie, dass sie von sich aus bestimmte Grenzen nicht überschreiten und ein gewisses Maß an Disziplin zeigen. Dadurch, dass ihnen viel Freiheit gewährt wird, wird an ihr inneres Potenzial appelliert, für Ordnung und Anstand zu sorgen.

7. Fünf der Fertigkeiten Marianne Scholls kann man als Orientierungshilfen betrachten, wenn man sich die Frage stellt, wie man mit den Anforderungen einer Arbeitsorganisation umgehen soll. Sie ist vorausschauend, flexibel, anpassungsfähig, selbstbewusst und unabhängig. *Vorausschauend:* Sie fängt ein neues Studium an, als sie sich von ihrem alten Beruf nicht mehr genug gefordert fühlt. *Flexibel:* Es gelingt ihr, sich in ein ganz anderes Fach einzuarbeiten. *Anpassungsfähig:* Sie entdeckt, wie sie da-

mit umgehen kann, dass ihr die Schüler nicht zuhören, und hat dabei gleichzeitig Erfolgserlebnisse. Ihre Methoden, die Aufmerksamkeit ihrer Schüler zu gewinnen, gewähren ihr diese Genugtuung. *Selbstbewusst:* Die Art, wie sie Grenzen setzt und auf Prüfungen besteht, entsprechen ihrem Charakter, die von ihr gestellten Anforderungen sind dabei aber erreichbar. *Unabhängig:* Ihre Haltung gegenüber den Schülern ist die einer Forscherin, die experimentiert, und keinen Augenblick von der Zustimmung der Eltern, Schüler oder Kollegen abhängig ist. In ihrer Haltung zeigt sich praktische Orientierung, das heißt, sie will erkennen, was tatsächlich geschieht, ohne daran festzuhalten, wie es hätte sein sollen.

Suchen Sie den Flow!

Gibt es in Ihrem Beruf immer noch Flow? Um das herauszufinden, können Sie die nachfolgende Übung machen. Suchen Sie sich eine ruhige Stunde aus, wo Sie nicht gestört werden. Sorgen Sie dafür, dass Sie sich entspannen, indem Sie sich auf Ihre Atmung konzentrieren. Lassen Sie alle Spannungen los, im Nacken, in den Schultern, im Bauch. Entspannen Sie sich, Ihre Augen bleiben sanft geschlossen. Stellen Sie sich vor, Sie stünden in einem Aufzug, ganz oben in einem hohen Gebäude. Der Aufzug fährt nach unten und bei jedem Stockwerk, bei dem er hält, sind Sie fünf Jahre jünger geworden. Sie kehren zu einem Alter von ungefähr acht Jahren zurück. Oder zu einem anderen Lebensjahr Ihrer Kindheit, als Sie sich wohl fühlten. Wie sah Ihre Umwelt damals aus: die Straße, in der Sie wohnten, der Weg zur Wohnungstür oder das Treppenhaus? Wie roch die Wohnung, wenn Sie sie betraten? Wie das Wohnzimmer, die Küche, Ihr Schlafzimmer? Woran erinnern Sie sich noch? Wie fühlte sich Ihre Kleidung, Ihr Pyjama, Ihre Jacke an? Was haben Sie außerhalb der Schulstunden gemacht? Was war aufregend? Worin gingen Sie völlig auf? Wenn Sie eine bildliche Vorstellung dieser Erfahrung haben – das kann alles Mögliche sein: Rollschuhfahren; der Schulweg, der durch eine Wiese führte; nach der Schule die Seiten aus dem Deutschbuch und Ihre Zeichnungen verbrennen; Kirschen aus Nachbars Garten stehlen – dann halten Sie dieses Bild fest. Öffnen Sie dann die Augen und stellen Sie sich die Frage, ob dieses Gefühl auch in Ihrem Beruf vorkommt. Ein prickelndes, aufregendes Gefühl. Welche Voraussetzungen muss Ihr Beruf erfüllen, damit Sie dieses Gefühl erleben können? Oder sollten Sie sich um eine andere Stelle kümmern? Können Sie mit Hilfe der Flow-Übung fünf Kriterien benennen, denen Ihre heutige oder eine neue Arbeitsstelle entsprechen muss? Angenommen, Sie streben eine neue Stelle an, schneiden Sie dann einen Monat lang alle Stellenanzeigen aus, die Sie reizen, ohne darauf zu achten, ob Sie den Anforderungen entsprechen. Verteilen Sie die Anzeigen auf fünf Stapel, die jeweils in dieselbe Kategorie fallen und ordnen Sie die Stapel nach Punkten: 5 für sehr ansprechend bis 1 für am wenigsten ansprechend. Überlegen Sie sich zum Schluss, ob Sie auf Grund Ihrer Vorlieben in eine neue Ausbildung investieren sollten. Bewerben Sie sich nicht, solange Sie ausgebrannt sind, sondern warten Sie, bis Sie sich wieder erholt haben. Nehmen Sie sich ein Beispiel an Marianne Scholl: Zum Erfolg führt, was Sie begeistert.

Eine Zukunft ohne Stress?

Hoffentlich gelingt es Ihnen, nachdem Sie dieses Buch gelesen haben, besser mit Stress umzugehen. Sie haben etwas erreicht: Sie verfügen über mehr Energie und sind entspannter geworden. Es ist ratsam, dass Sie sich überlegen, welche Geschehnisse in der Zukunft möglicherweise Stress verursachen könnten, damit Sie sich vor den schädlichen Folgen von Stress schützen können. Belastende Vorfälle sind zum Beispiel: den Arbeitsplatz zu verlieren, schwer krank zu werden, seine Eltern zu verlieren, seine Kinder weniger zu sehen, weil sie ausziehen, ohne den Lebensgefährten auskommen zu müssen, umziehen und sich an eine weniger angenehme Wohngegend gewöhnen zu müssen. Denken Sie darüber nach, welche Belastung diese Ereignisse mit sich bringen und was Sie tun könnten, um diese Belastung zu verringern. Wählen Sie die Übungen dieses Buches aus, die am besten zu Ihnen passen.

Wenn Sie wissen möchten, ob Sie inzwischen weniger gestresst sind, können Sie den Fragebogen „Bin ich ausgebrannt?" aus dem ersten Kapitel noch einmal ausfüllen. Welche Werte haben sich geändert? Welche sind gleich geblieben? Lesen Sie den Fragebogen genau durch und untersuchen Sie, was Sie noch zusätzlich tun können, um den Stress in Ihrem Leben zu meistern. So werden Sie Ihr eigener „Stressmanager".

Um sich gegen die schädlichen körperlichen Folgen von Stress zu schützen, ist es ratsam, sich dreimal pro Woche eine halbe Stunde lang körperlich anzustrengen. Treiben Sie unterschiedliche Sportarten (Schwimmen, Jogging, Konditionstraining, Tennis oder Radfahren) und integrieren Sie die Aktivitäten so gut wie möglich in Ihren gewohnten Tagesablauf. Sie brauchen sich nicht sofort zu beunruhigen, wenn Sie ausnahmsweise eine Woche lang nicht dazu kommen, weil Sie soviel zu tun haben, aber lassen Sie dies nicht zur Gewohnheit werden. Wenn es Ihnen wochenlang nicht gelingt, neben Ihrem Beruf Sport zu treiben oder andere Dinge zu tun, besteht das Risiko, dass Sie einen Rückfall erleiden.

Achten Sie auf Ihre Ernährung, sorgen Sie für abwechslungsreiche Kost und meiden Sie Produkte aus Weißmehl, also Weißbrot und andere denaturierte Nahrungsmittel. Auch Zucker ist ein Energieräuber. Freunden Sie sich mit einer gesunden Lebensführung an, mit beschränktem Konsum von Alkohol, Kaffee und Tabletten, mit ausreichend Bewegung und guter Nachtruhe.

Wird Ihr Leben nun stressfrei? Nein, Stress ist unvermeidlich. Manchmal muss man einschneidende Entscheidungen treffen, um den Energieräubern wirkungsvoll entgegentreten zu können. Es ist aber durchaus angenehm zu spüren, dass Sie Ihr Leben selbst bestimmen, selbst wenn es Ihnen ab und zu weniger gut geht und Sie die Übungen ein bisschen schleifen lassen oder nicht so gut auf Ihre Ernährung achten. Nachsicht … auch das ist Sorgen für sich selbst.

Bücher, die leben helfen

Mathias Binswanger
Die Tretmühlen des Glücks
Wir haben immer mehr und werden nicht glücklicher.
Was können wir tun?
Band 5809
Wie entgehen wir den Tretmühlen der Glücksverheißung: mehr Einkommen,
Status, immer neue Chancen, immer noch mehr Zeitersparnis …?

Antoinette Borri
Schritte aus der Depression
Anleitung zur Selbsthilfe
Band 5586
Ein lebensnahes Lern- und Übungsbuch, das Betroffenen Hoffnung macht
und Zutrauen in die eigenen Heilungskräfte schenkt.

Marcus Damm
Frei von Ängsten
Sich neuen Lebensmöglichkeiten öffnen
Band 5836
Viele Ängste hindern uns daran, das zu tun, was wir wollen.
Sich diesen Ängsten stellen, sie verstehen und bewältigen: das gelingt mit
den hier angebotenen praxisorientierten und alltagstauglichen Strategien.

Thomas H. Eriksen
Immer schneller – immer mehr?
Balance finden zwischen Beschleunigung und Ruhe
Band 5627
Wir brauchen dringend Langsamkeit: für erfüllende Beziehungen, Kreativität
und Selbstbestimmung. Ein Appell zum souveränen Umgang mit der Zeit.

Frederic F. Flach
In der Krise kommt die Kraft
Das Geheimnis unserer seelischen Ressourcen
Band 5574
Wieso durchstehen einige Menschen Krisenzeiten recht gut,
während andere heftig leiden? Resilienz ist das Zauberwort.

HERDER spektrum

Karlheinz A. Geißler
Alles. Gleichzeitig. Und zwar sofort
Unsere Suche nach dem pausenlosen Glück
Band 5842

Sind Sie immer und überall erreichbar und verlassen Sie Ihr Haus nie, ohne eines Ihrer Handys mitzunehmen? Es gibt ein Leben jenseits des Beschleunigungszwangs.

Anselm Grün
Quellen innerer Kraft
Erschöpfung vermeiden – Positive Energien nutzen
Band 5939

Ausgelaugt, ausgebrannt, innerlich leer – für viele ein Dauerzustand unter dem Druck des Alltags. Aber: Quellen der Kraft gibt es in jedem Leben! Anselm Grün zeigt, wie es gelingt, zu diesen Ressourcen Zugang zu finden und sie zum Sprudeln zu bringen.

Peter Heintel
Innehalten
Gegen die Beschleunigung – für eine andere Zeitkultur
Band 5908

Unter Hetze und Stress mehren sich Fehler und, noch schlimmer, sie machen uns krank. Peter Heintel plädiert für ein Innehalten und gibt konkrete Anregungen, wie wir wieder Herr unserer selbst und unserer Zeit werden.

Andrea M. Hesse
Depressionen – Was Sie wissen sollten
Antworten auf die häufigsten Fragen
Band 5635

Andrea M. Hesse, selbst depressions-erfahren, hat die wichtigsten Informationen rund um das Thema zusammengetragen: von den ersten Anzeichen bis zu den Behandlungsformen.

Andrea M. Hesse
Schatten auf der Seele
Wege aus Depression und Angst
Band 5254

Eine Betroffene zeigt, welche Therapien und Medikamente helfen und wie das „Leben danach" zu organisieren ist.

HERDER spektrum

Verena Kast
Lass dich nicht leben – lebe!
Die eigenen Ressourcen schöpferisch nutzen
Band 5314

Authentisch sein: Verena Kast erschließt neue Dimensionen zu diesem Lebensthema. „Nach wie vor erfrischende Lebenshilfe" (ekz).

Dalai Lama / Howard C. Cutler
Glücksregeln für den Alltag
Band 5843

Das Glück ist nicht nur für besondere Gelegenheiten da, sondern auch im Alltag zu finden, sogar bei der Arbeit. Doch wir arbeiten immer mehr und sind immer weniger glücklich. Wie lässt sich die Spirale umkehren?

Katharina Ley
Komm zu dir, dann kommst du weiter
Es ist nie zu spät, sich selbst zu lieben
Band 5846

„Ich erlebe immer wieder, wie vielen Menschen es schwer fällt, täglich drei Dinge zu notieren, die ihnen Freude gemacht haben. Oder drei Dinge, die sie gut gemacht haben. Oder drei Dinge, die sie weiter gebracht haben."
Katharina Ley

Eckhart Müller-Timmermann
Ausgebrannt – Wege aus der Burnout-Krise
Band 5539

Energielos – Ideenlos – Ausgebrannt! Es gilt Warnsignale zu erkennen und rechtzeitig gegenzusteuern. Schon kleine Schritte verändern die Situation, bringen neue Energie.

Luise Reddemann
Eine Reise von 1000 Meilen beginnt mit dem ersten Schritt
Seelische Kräfte entwickeln und fördern
Band 5919

Dieses Buch ist nichts weniger als eine kleine Schule der Lebenskunst, die uns zeigt, wie wir uns aus Blockaden befreien und Leichtigkeit und Gelassenheit zurückgewinnen können.

HERDER spektrum

Die Energie des Lebens spüren
Wie Heilung geschieht
Hg. von Peter Schellenbaum
Band 5394

Der erfahrene Psychotherapeut zeigt Wege auf, um aus seelischer Verletzung zurückzufinden zu Lebendigkeit, Kreativität, Liebesfähigkeit.

Eckhard Schiffer
Reise zur Gelassenheit
Den sicheren Ort in sich entdecken
Band 5781

Der bekannte Arzt und Psychologe zeigt, dass wir alle gelassen werden können, auch wenn die Gefühle heftig sind. Ein Buch, das schon beim Lesen Gelassenheit schenkt.

Irmtraud Tarr
Besser als Schokolade
Positive Energien finden und neue Kräfte tanken
Band 5654

Dem Glück ein wenig nachhelfen, wenn es mal nicht so gut zu laufen scheint: Irmtraud Tarr verrät die kleinen Tricks, mit denen es gelingt, dem Leben seine positive Seite abzulisten – und zwar ganz ohne Schokolade.

Irmtraud Tarr
Loslassen – die Kunst, die vieles leichter macht
Band 5921

Wer wollte dies nicht, gelassener werden und die Leichtigkeit des Seins entdecken? Dieses Buch versammelt Anregungen, Hinweise und manch überraschende Einsicht in die hohe Kunst, sich das Leben zu erleichtern.

Daniela Tausch-Flammer / Lis Bickel
Jeder Tag ist kostbar
Endlichkeit erfahren – intensiver leben
Band 5522
Übungen für eine neue Lebensperspektive.

HERDER spektrum